Peter Gitzinger · Linus Höke · Roger Schmelzer

Das böse Buch für Männer

Peter Gitzinger · Linus Höke · Roger Schmelzer

DAS BÖSE BUCH FÜR
MÄNNER

Mit Illustrationen von Ari Plikat

Lappan

Wir Männer waren eigentlich immer schon **FAMOSE KERLE** und konnten eine Menge Sachen richtig gut. Hier die wichtigsten:

- ein Wildschwein erlegen;
- eine tolle Erfindung oder wissenschaftliche Entdeckung machen;
- ein Wildschwein, das in einer leckeren Bier-marinade eingelegt ist, grillen;
- schweigen*;
- ein paar fremde Länder erobern und die Welt-geschichte dadurch beeinflussen;
- die Mannschaftsaufstellungen der deutschen Weltmeistermannschaften auswendig aufsagen – und die unseres Lieblingsvereins von 1970 bis heute.

Natürlich hatten wir auch immer schon ein paar kleine unbedeutende Schwächen, etwa das **MULTITASKING.** So war es zum

---

* Dies ist vielleicht die wichtigste Eigenschaft überhaupt. Vor allem, wenn einem soeben die Frage „Mal ganz ehrlich – was denkst du gerade, Schatz?" gestellt worden ist.

Beispiel für Alexander den Großen eine leichte Übung, in Persien und Ägypten einzumarschieren, aber wenn man ihn aufgefordert hätte, gleichzeitig die Aufstellung beim WM-Finale 2014 im Maracana-Stadion herunterzurattern, hätte er hoffnungslos versagt.

Heute allerdings ist das KONZEPT DES MANN-SEINS in seinen Grundfesten erschüttert. Oder wann haben Sie zuletzt ein fremdes Land erobert? Oder ein neues chemisches Element entdeckt? ...

Sehen Sie.

Dieses Buch will die tot geglaubte Männlichkeit wiederbeleben. Es will den Jäger in uns auferwecken. Und es will ORIENTIERUNG bieten (obwohl wir alle natürlich wissen, dass das komplett überflüssig ist, da wir – auch ohne jemanden zu fragen – jederzeit exakt wissen, wo wir uns befinden und deshalb in der Lage sind, ohne Hilfe den Weg zu finden).

Vor allem aber will dieses Buch eines:
IHNEN HELFEN. Wenn Sie das nächste Mal den Ruf „Schatz, kannst du mal kommen? Ich weiß nicht, für welches Kleid ich mich entscheiden soll!" hören, können Sie nun nämlich voller Überzeugung zurückrufen: „Du, ich kann jetzt nicht – ich lese gerade!" Mit diesem Buch in der Hand wird man Ihnen zum ersten Mal glauben.

INHALT

EINE KURZE
GESCHICHTE
DER MÄNNER

Wie allgemein bekannt ist, sind Männer Erfinder, Philosophen und Krieger – immer getrieben von Forscherdrang, philosophischem Erkenntnisstreben und dem Wunsch, die Welt zu verbessern und die Entwicklung der Menschheit voranzutreiben.

Die wichtigste Erfindung auf diesem Weg nach vorn machte der Mann schon ganz früh in seiner Geschichte: das Fußballspiel.

Bereits der allererste Mann, Adam, experimentierte im Garten Eden mit Pampelmusen, Mangos und Avocados, gegen die er trat und die er auf ihr Flugverhalten hin testete. Zunächst ging es ihm dabei noch nicht darum, die Kugel in ein Tor zu bugsieren, sondern mit einem saftigen Tritt gegen den Kopf eines ahnungslosen Opfers, also – mangels Alternativen – gegen den seiner Frau Eva. Das machte einfach Spaß, und man befand sich ja immerhin im Paradies.

Als Adam auch im Apfel ein potenzielles Spielgerät entdeckte und Eva bat, ihm einen solchen zu besorgen, kam es zu Komplikationen, die schließlich den

Ausschluss der beiden aus dem Paradies zur Folge hatten – die erste rote Karte der Geschichte! Adam allerdings bekam davon nicht viel mit, weil er gerade die Flugkurven von Kokosnüssen untersuchte und sich im Verlauf dieser Tests die großen Zehen beider Füße brach.

Damit war die Leidenschaft für den Fußball bei den Männern zwar geweckt worden, Adams Negativerfahrungen führten jedoch dazu, dass man zunächst ganz andere Varianten des Spiels ausübte. Hierfür benutzte man von nun an (und für lange Zeit) nicht mehr den Fuß, sondern die Hände und ersetzte die unhandlichen Früchte durch Gegenstände mit besseren Flugeigenschaften: Speere, Äxte und Pfeile. Diese bugsierte man nicht an den Mitgliedern des gegnerischen Teams vorbei in ein Tor, sondern zielte auf die Mitglieder des gegnerischen Teams selbst. Das erste schriftlich erwähnte Freundschaftsspiel gewann dann Adams Sohn Kain gegen seinen Bruder Abel – denkbar knapp mit 1:0, nachdem er den entscheidenden Treffer mit einer Axt erzielt hatte.

Die Männer übten den neu entwickelten Sport mit großer Hingabe aus. Trotzdem stellten sich bald Schwierigkeiten ein, die den Spaß am Spiel empfindlich trübten. So war es zum Beispiel vor 20.000 Jahren schwierig, den jeweiligen Spielstand festzustellen – schon aufgrund der Tatsache, dass Zahlen noch nicht erfunden waren. Ebenso wenig wusste man, wer gerade gegen wen antrat, denn auch die Sprache war eine ziemlich neue Sache; es gab nur ein einziges Wort – das in etwa folgendermaßen klang: „Grrrgch."

Ein typischer Spielbericht aus dieser traurigen Zeit in einer neueren Übersetzung: „Das Team *Grrrgch* gewinnt gegen das Team *Grrrgch* mit *irgendwas* zu *irgendwas anderem*. Vielleicht hat aber auch nicht das Team *Grrrgch* gewonnen, sondern das Team *Grrrgch*, falls *irgendwas anderes* mehr ist als *irgendwas*."* Die Ungewissheit, zu welchem Team man gehörte, hatte außerdem zur Folge, dass man die eigenen Mannschaftskameraden regelmäßig mit einem Speer- oder Pfeilhagel eindeckte – eine sehr frühe Erscheinungsform des „friendly fire".

All diese Mängel führten dazu, dass die Männer – in ihrem Drang, die Zivilisation voranzubringen – Sprache und Zahlen erfanden. Jetzt wusste man endlich, gegen wen man spielte und ob man gewonnen hatte oder nicht. Trotzdem fehlte aber etwas Entscheidendes, um den Sport ganz und gar genießen zu können: Bier.

Um diesen Mangel zu beheben, entwickelte man den Ackerbau, konnte man so doch stets für einen ausreichenden Vorrat an Gerste sorgen. Diese Neuentwicklung war fast noch wichtiger als die des Geldes, die nötig wurde, um endlich Toto-Wetten auf sein Lieblingsspiel abschließen zu können. Endlich konnte der Sport seinen Siegeszug antreten – das Leben der Männer wurde langsam lebenswert.

---

* Die phonetisch korrekte Wiedergabe des Berichts lautete natürlich: „Grrrgch Grrrgch *Grrrgch* grrrgch grrrgch grrrgch Grrrgch *Grrrgch* grrrgch *grrrgch* grrrgch *grrrgch*. Grrrgch grrrgch grrrgch grrrgch grrrgch grrrgch Grrrgch Grrrgch *Grrrgch* grrrgch grrrgch grrrgch Grrrgch *Grrrgch*, grrrgch *grrrgch grrrgch* grrrgch grrrgch grrrgch *grrrgch*."

Bald reisten dann auch Nationalmannschaften quer durch Europa, um gegeneinander zu kämpfen. Das erfolgreichste Team um das Jahr 0 kam aus Rom. Die Mannschaft eilte von Erfolg zu Erfolg und erhielt bald den Spitznamen „die Galaktischen". Legendär wurde das Match gegen den Erzrivalen Karthago, das mit einem eindrucksvollen Kantersieg der Römer endete.

Im Mittelalter betrat schließlich ein neues Element den Schauplatz der Geschichte: das Klosterwesen und Mönchstum. Angeregt von der Tonsur der Mönche

und den blankpolierten Glatzen, die darunter zum Vorschein kamen, wendeten sich findige Köpfe unter den Männern wieder einer alten Lieblingsidee zu: Fußballspielen – und zwar tatsächlich mit einem Ball. Nun dauerte es nur noch wenige hundert Jahre, dann hatte man Mitte des 19. Jahrhunderts endlich den Lederball entwickelt. Überhaupt war das 19. Jahrhundert ein entscheidender Zeitraum für die Entwicklung der Menschheit. In einer kurzen Zeitspanne machten die Männer zahlreiche epochale Erfindungen:

- **DAS ERSTE BIER NACH PILSENER BRAUART.**
  (Erfinder: Josef Groll, 5. Oktober 1842 in Pilsen)

- **DIE ERSTEN KARTOFFEL-CHIPS.**
  (Erfinder: George Crum, 24. August 1853 in Saratoga Springs)

- **DAS ERSTE FLUTLICHT FÜR FUSSBALL-STADIEN, DAS DIE AUSTRAGUNG VON SPIELEN AM ABEND ERMÖGLICHTE.**
  (Erfinder: John Tasker, 14. Oktober 1878 in Sheffield)

Daneben gab es natürlich auch weniger bedeutende Einfälle:

- **DEN ELEKTROMOTOR.**
  (Erfinder: irgendein Wichtigtuer)

- **DAS TELEFON.**
  (Erfinder: so'n Typ)

- **DIE SCHUTZIMPFUNG GEGEN CHOLERA UND MILZBRAND.**
  (Erfinder: 'n anderer Typ)

Das 20. Jahrhundert brachte dann nur noch wenige entscheidende Neuerungen. Die wichtigste war sicherlich die Erfindung des Fernsehens, die notwendig geworden war, damit die Kartoffelchips endlich so richtig Sinn ergaben. Außerdem war es nun endlich nicht mehr notwendig, in ein Stadion zu gehen oder gar selbst den Fußballsport auszuüben, um den vollen Spaß am Spiel zu haben. Und so brachten der reife Intellekt und der Erfindergeist der Männer die Zivilisation zu einer Blüte, die sie vor Kurzem dann zur vollkommenen Vollendung geführt haben – in Form des „High Definition Flat Screen TV".

Wir sind gespannt, was noch kommt …

AUS DER WELT DER
STATISTIK

Bei Umfragen und Forschungsstudien ist das See-lenleben von Männern und Frauen immer wieder Thema. Hier einige aktuelle Ergebnisse im Überblick:

1 0 0 **P R O Z E N T** der deutschen Frauen sind mit ihrem Sexualleben zufrieden; bei den Männern sind es sogar 4 5 0 **P R O Z E N T** – das ergab eine aktuelle Umfrage des *ADAC*.

- -

7 0 **P R O Z E N T** der Frauen gaben zudem an, dass sie ihrem Partner schon einmal einen Orgasmus vor-getäuscht haben. Die anderen 3 0 **P R O Z E N T** hat-ten noch nie einen Partner.

- -

6 9 **P R O Z E N T** der Männer glauben, dass Frauen für Reinigungsarbeiten geeigneter sind. Und die Wissenschaft gibt ihnen recht. Gehirnforscher des *Max-Planck-Instituts* haben herausgefunden, dass bei 9 5 **P R O Z E N T** der Männer im frontalen Stirn-lappen des Gehirns ausgerechnet die Region fehlt, in der verstaubte von nicht verstaubten Oberflächen und saubere von völlig versifften Kloschüsseln unter-schieden werden.

- -

9 5 P R O Z E N T aller Männer lehnen Schönheits-OPs kategorisch ab. Allerdings nur bei sich selbst.

- -

5 P R O Z E N T der Männer haben offenbar schon einmal eine/n Sexpartner/in im Internet kennengelernt. In den meisten Teilen Deutschlands wurden die Befragten in Kontaktbörsen fündig, in der Eifel und im Bayerischen Wald auf der Website *www.putzige-hoftiere.de*

- -

Laut einer Umfrage von *Psychologie heute* schwindeln **8 2 P R O Z E N T** der Männer des Öfteren. Nicht nur gegenüber der Partnerin und dem Chef, sondern auch gegenüber ihren Freunden. Die mit Abstand häufigste Lüge: „Deine Freundin ist überhaupt nicht mein Typ."

- -

Keine Lüge hingegen ist, dass sich **6 6 P R O Z E N T** der Männer mehr Zärtlichkeit wünschen. Allerdings nicht von der eigenen Partnerin. Von ihr wünschen sich **9 8 P R O Z E N T** der Männer ... mehr Abwesenheit.

- -

SIND SIE EIN ECHTER MANN?

Ein-echter-Mann-Sein wird ja bedauerlicherweise nicht als Schulfach angeboten, und eine Ausbildung mit staatlichem Diplom gibt es auch nicht. Kein Wunder also, dass es da immer wieder Verwirrung gibt. Wo stehen Sie – sind Sie ein richtiger Kerl oder ein Weichei? Wenn Sie unseren Test absolvieren, wissen Sie mehr.

1. Wie reagieren Sie auf den Satz „Ich liebe dich"?

a Sie sagen: „Ich weiß." *(3 Punkte)*

b Sie sagen gar nichts und starren einfach nur vor sich hin in der Hoffnung, dass irgendwas passiert und die Situation vorübergeht. *(3 Punkte)*

c Sie sagen: Ich dich auch – ganz, ganz doll! *(0 Punkte)*

2. Was versteckt sich hinter dem Wort „Prostata"?

a Ein lustiger Trinkspruch. *(3 Punkte)*

b Ein tschechischer Fußballspieler. *(0 Punkte)*

c Irgendwas Fieses in Ihnen drin (quasi das männliche Pendant zu den verstörenden inneren Organen mit den unaussprechlichen lateinischen Namen bei Frauen). Was das genau ist, weiß nur Ihr Urologe – und der kriegt eine Menge Geld dafür, dass er es für sich behält. *(1 Punkt)*

3. Sie sitzen mit Ihrer Freundin in einem Gartenrestaurant beim Mittagessen. Plötzlich taucht eine Wespe auf und schwirrt um den Teller Ihrer Freundin, die immer panischer wird und Sie auffordert, etwas zu unternehmen. Was tun Sie?

a Sie rufen Mutti an. *(0 Punkte)*

b Sie sagen gar nichts und starren einfach nur vor sich hin in der Hoffnung, dass irgendwas passiert und die Situation vorübergeht. *(3 Punkte)*

c Sie besorgen sich ein *AK-47-Schnellfeuergewehr* mit 5.000 Schuss Uran-Munition und zeigen dem Brummer mal, aus was für einem Holz Sie geschnitzt sind. *(3 Punkte)*

4. Sie sind auf einer Party. Es gibt Flaschenbier. Wie öffnen Sie eine Bierflasche, wenn kein Flaschenöffner zur Hand ist?

a Gar nicht – wissen Sie doch, dass man Flaschen mit alkoholischen Getränken nicht mit einem Flaschenöffner öffnet, sondern mit einem Korkenzieher. *(0 Punkte)*

b Sie schnappen sich Ihre *AK-47* und schießen der Flasche den Hals ab. *(3 Punkte)*

c Sie entdecken, dass es sich um alkoholfreies Bier handelt. Daraufhin schlagen Sie den Gastgeber zu Brei, verlassen das Haus und lassen sich nie wieder bei diesem Warmduscher blicken. *(3 Punkte)*

5. Sie sind zu einem Grillabend eingeladen, und der Gastgeber erweist Ihnen eine besondere Ehre: Sie sollen den Grill anzünden. Was tun Sie?

a Sie beschweren sich, weil man Sie offensichtlich verarschen will! So ein Grill ist aus Metall – der KANN gar nicht brennen! *(0 Punkte)*

b Sie sagen gar nichts und starren einfach nur vor sich hin in der Hoffnung, dass irgendwas passiert und die Situation vorübergeht. *(3 Punkte)*

c Als Erstes werfen Sie mal einen fachmännischen Blick auf den Grill und stellen fest, dass er nicht richtig funktioniert. Sie erwähnen, dass Sie sich gut mit so etwas auskennen (und verschweigen, dass Ihr Fachwissen ausschließlich auf der Lektüre eines Artikels der Zeitschrift *Heim und Garten* beruht). Dann bieten Sie an, den Grill wieder auf Vordermann zu bringen – bestehen aber darauf, es mit Ihrem eigenen Werkzeug zu tun, weil es keinen Sinn hat, einen solchen Job mit minderwertigem Material anzugehen. Nachdem Sie Ihren Werkzeugkasten von zu Hause geholt haben, nehmen Sie den Grill erst einmal komplett auseinander – mit den Worten, dass es kein Problem sei, so ein Teil wieder zusammenzusetzen, wenn man dessen Grundkonstruktion erst einmal durchschaut habe. Die nächsten Stunden knien sie fluchend vor dem Grill, der jetzt nur noch aus einem undefinierbaren Haufen von Metallplatten und -stangen besteht. Gegen sechs Uhr morgens sind Sie bereit, einzugestehen, dass Sie die Grundkonstruktion des Geräts *nicht* durchschaut haben, dass dies aber auch überhaupt nicht möglich sei, weil das Ding offensichtlich von schizophrenen, unzurechnungsfähigen Asiaten mit Hang zum Sadismus konstruiert worden sei. Dann machen Sie Ihrem übernächtigten Gastgeber Vorhaltungen, dass er sich beim Kauf seines Grills so hat übers Ohr hauen lassen und verabschieden sich – nicht ohne Bitterkeit: Sie hätten kein einziges Wort des Dankes gehört, dabei hätten Sie den Abend immerhin mehr oder weniger gerettet! *(50 Punkte)*

AUSWERTUNG:

3 – 5 P U N K T E : Sie sind eine Schande für Ihr Geschlecht. Geben Sie's zu: Für Sie ist „Sitzpisser" kein Schimpfwort, sondern eine Lobhudelei. Sie produzieren mehr Östrogen als eine gesamte Rhythmische-Sportgymnastik-Riege. Zur Strafe werden Sie mit Wattebäuschchen beworfen!

6 – 10 P U N K T E : Ein nettes Ergebnis. Aber „nett" ist die kleine Schwester von „scheiße". Und scheiße will kein echter Kerl sein. Ein echter Kerl will gewinnen! Aber Sie? Sie sind weder Mann noch Maus. In einem Western würden Sie am Ende nicht in den Sonnenuntergang reiten, sondern trippeln.

11 – 62 P U N K T E : Sie sind der Typ, der wir alle sein wollen. Der, zu dem Chuck Norris und Clint Eastwood aufschauen. Der echteste aller Kerle. Ihre Hormonproduktion ist so stark, dass Sie den Testosteronbedarf eines mittelgroßen lateinamerikanischen Staates sichern könnten. Geben Sie für sich selbst einen Ehrensalut ab – aus Ihrer AK-47.

DIE ANATOMIE DES MANNES

Bioscanner. Stellen sich bei Betrachten von weiblichen Brüsten, Hightech und der Bundesliga-Tabelle automatisch scharf. Keine Funktion beim Scannen von zu spülendem Geschirr.

Fundgrube für biologische Knetmasse, die sich bei Langeweile zum Formen von Kügelchen eignet.

Ersatzfundgrube, für den Fall, dass die Nase einmal leer sein sollte.

Einfüllstutzen für alkoholische Getränke. Gleichzeitig Überdruckventil für im Magen entstehende Gase.

Biogaserzeuger zur olfaktorischen Abwehr aufdringlicher Frauen.

Anzeigegerät für die im Laufe des Lebens zu sich genommene Menge Bier.

Überlaufstutzen bei starkem Zufluss von alkoholischen Getränken. Im Winter oft auch als Schreibwerkzeug benutzt. Bei länger verheirateten Männern keine weitere Funktion bekannt.

Überdruckventil für im Darm entstehende Gase. Kann in Klosettschüsseln Airbrush-Bilder erzeugen.

Der männliche **Handschmeichler.** Ab dem 50sten Lebensjahr: Resthaar-Reservat.

Biochemische Abstandshalter. Oft in Kombination mit Synthetiksocken eingesetzt, um bei räumlicher Enge Platz um sich herum zu schaffen.

DIE ANATOMIE DER
FRAU

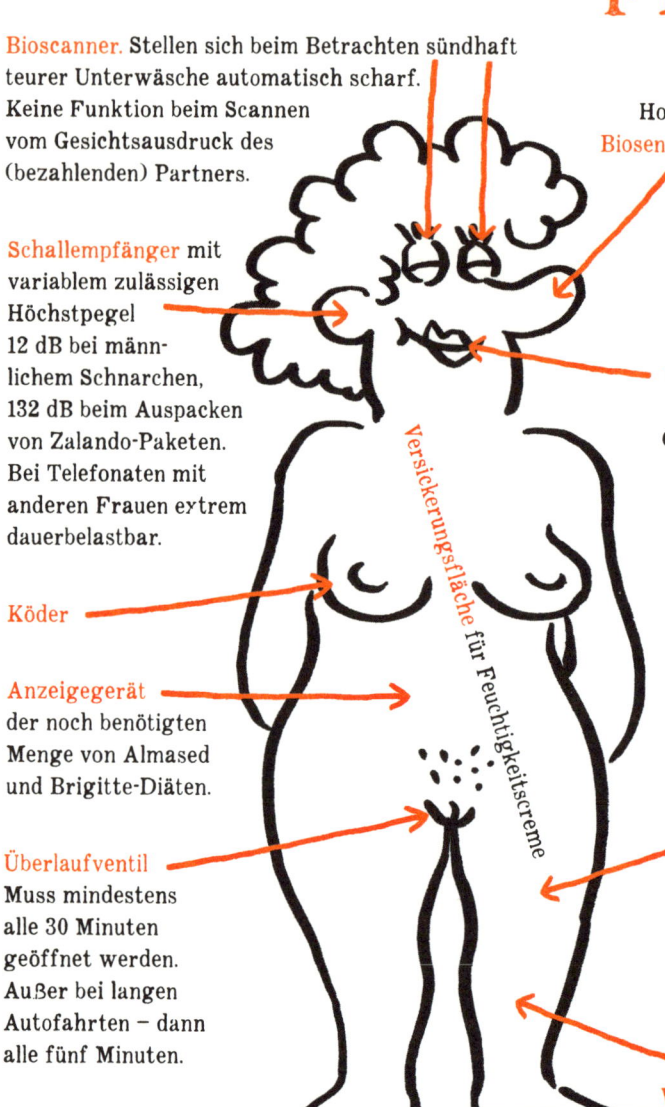

Bioscanner. Stellen sich beim Betrachten sündhaft teurer Unterwäsche automatisch scharf. Keine Funktion beim Scannen vom Gesichtsausdruck des (bezahlenden) Partners.

Hochempfindlicher **Biosensor,** spezialisiert auf Parfumrückstände anderer Frauen in der Kleidung des Partners

Schallempfänger mit variablem zulässigen Höchstpegel 12 dB bei männlichem Schnarchen, 132 dB beim Auspacken von Zalando-Paketen. Bei Telefonaten mit anderen Frauen extrem dauerbelastbar.

Überdruckventil für weibliche Gedankengänge. Der äußere Bereich dient als Testgelände für Lippenstiftfarben.

Köder

Versickerungsfläche für Feuchtigkeitscreme

Anzeigegerät der noch benötigten Menge von Almased und Brigitte-Diäten.

Überlaufventil Muss mindestens alle 30 Minuten geöffnet werden. Außer bei langen Autofahrten – dann alle fünf Minuten.

Geheimes Versuchsgelände für den Einsatz chemischer Mittel gegen Orangenhaut.

Öffentliches Versuchsgelände für den Einsatz chemischer Mittel gegen Haarwuchs.

Manolo-Blahnik-Magnete.

Horror-
VORSTELLUNGEN
VON MÄNNERN

Alle Männer haben Angst, dass ihr Pillermann zu klein ist oder sie frühzeitig ihre Kopfbehaarung verlieren. So weit, so bekannt.

Aber wovor fürchten sich Männer noch? Welche Dinge oder Situationen sind der nackte Horror für sie? Wir haben 2.000 repräsentativ ausgewählten männlichen Personen einige Szenarien vorgegeben und sie anschließend gefragt, ob es sich dabei für sie tatsächlich um eine Horrorvorstellung handelt.

In allen Kneipen Deutschlands ist ab sofort der Genuss alkoholischer Getränke verboten.

85% der Befragten empfinden dies als Horror. Die restlichen 15% sind trockene Alkoholiker.

❖

In Deutschland wird die Helmpflicht für Radfahrer eingeführt. Aus Gründen der besseren Sichtbarkeit dürfen nur pink- und rosafarbene Helme getragen werden.

95% empfinden diese Vorstellung als nackten Horror. Die restlichen 5% der Männer meinen, dass sie ähnliche Helme auch immer tragen, wenn sie beim CSD auf dem YMCA-Wagen mitfahren.

❖

Ihr Lieblingsclub *Schalke 04* hat am letzten Spieltag der Saison die Chance, zum ersten Mal seit 1958 den Meistertitel einzufahren. Und wieder schnappt eine Mannschaft den Schalkern die Schale vor der Nase weg! Diesmal ist es nicht *Bayern München*, sondern Erzfeind *Borussia Dortmund* – durch einen unberechtigten Elfmeter in der letzten Sekunde der 7-minütigen Nachspielzeit.

Ein Albtraum für 100% der Schalke-Fans. Aber erstaunlicherweise auch für 100% der Dortmund-Fans – weil diese davon ausgehen, dass sie beim genannten Szenario einen irreversiblen Dauerständer bekämen.

❖

Sie sind nach einem Unfall halsabwärts querschnittsgelähmt. Ihre sadistische Ehefrau nutzt diese Situation schamlos aus und schiebt Sie in Ihrem Rollstuhl jeden Tag für mehrere Stunden vor den Fernseher. Dort müssen Sie nicht nur sämtliche Kochshows, sondern auch alle anderen Lieblingssendungen Ihrer Gattin mit ihr anschauen, wie *Lindenstraße, Shopping Queen* und *Servus, Hansi Hinterseer.*

95% fallen bei dieser Vorstellung vor Schreck in eine tiefe Ohnmacht. 5% fragen empört, was denn gegen Hansi Hinterseer, die kleine Sahneschnitte, einzuwenden sei.

❖

Ihre Geheimratsecken sind mittlerweile unübersehbar, weshalb Sie sich zu einer Haartransplantation entschließen. Unglücklicherweise geraten Sie an einen ausgewiesenen Scharlatan, der zwar Ihre Geheimratsecken verschwinden lässt, zur Transplantation aber ausschließlich Haare aus Ihrem Schambereich verwendet.

Für 80% der Befragten eine Horrorvorstellung. 10% sind der Ansicht: „Na und? Hauptsache, die Geheimratsecken sind weg." Die anderen 10% sagen: „Ist doch toll. Meine Frau wollte sowieso, dass ich mich untenrum rasiere. Da hab ich zwei Fliegen mit einer Klappe geschlagen."

***

Sie bemerken, dass Ihr Hosenschlitz offen steht und klemmen sich beim Schließen Ihren Schniedel im Reißverschluss ein. Der minutenlange markerschütternde Urschrei, den Sie dabei ausstoßen, führt zwar dazu, dass der Schmerz ein klein wenig nachlässt – aber leider auch zu einem unbefristeten Hausverbot im Opernhaus Ihrer Heimatstadt, in dem Sie gerade einer Aufführung der *Zauberflöte* beiwohnen.

Nur 5% sehen dies als eine Horrorvorstellung an. Die restlichen 95% meinen, dieses Szenario sei völlig unrealistisch, da sie lieber sterben würden, als jemals ein Opernhaus zu betreten.

***

Ihre Partnerin will nicht mehr wie gewohnt einmal pro Halbjahr mit Ihnen über Ihre Beziehung reden – sondern einmal pro Woche! Für den Fall, dass Sie sich weigern, droht sie Ihnen mit einem einjährigen Sexverbot.

Für 50% ein äußerst unangenehmes Szenario. Die anderen 50 % sagen: „Ein Jahr kein Sex mit meiner Frau??? Wie geil ist das denn!!!"

DER RICHTIGE UMGANG MIT
KRANKHEITEN

Wir Männer gelten als wehleidig. Das ist natürlich Unsinn, und dieses Vorurteil kann nur von Frauen in die Welt gesetzt worden sein. Frauen, die nicht wissen, welch unaussprechliche Qualen ein Mann empfindet, der sich beim Rasieren die halbe Unterlippe amputiert oder sich beim Aufstehen den kleinen Zeh am Bettpfosten bricht. Fangen wir deswegen an zu weinen? Nein. Suchen wir wegen solch einer Lappalie den Arzt auf? Nein. Mannhaft ignorieren wir den Schmerz. Mit fatalen Folgen. Denn wo sind die Frauen, wenn es uns wirklich einmal erwischt? Wenn wir krank werden?

Die meisten von uns kennen die traurige Wahrheit. Die Frau nimmt unsere stummen Hilferufe nach Zuwendung nicht wahr und verweigert uns

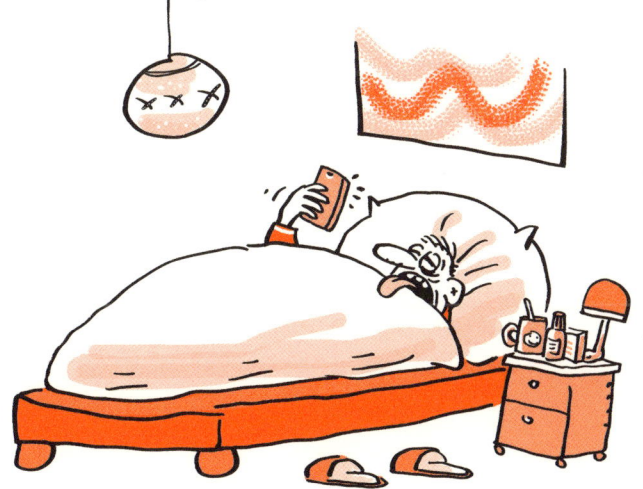

die Aufmerksamkeit, die einem sterbenden Mann zusteht. Ein Skandal! Was können wir also tun, um deutlich zu machen, dass es ernst ist, wenn es uns schlecht geht? Wenn wir leiden? Wenn wir kurz davor stehen, unserem Schöpfer entgegenzutreten? Eins ist gewiss: Die uns Männern eigene Art des Überspielens und „Auf-die-Zähne-Beißens" führt zu nichts. Hier müssen andere Methoden her!

Methoden wie diese …

TAG 1: Eine sich anbahnende männliche Agonie kommentiert die Frau in der Regel mit dem Satz: „Geh zum Arzt. Und nimm den Müll mit runter!" So etwas ist natürlich respektlos und typisch weiblich, weil unrealistisch. Wie soll ein einfacher praktischer Arzt feststellen, dass Sie gerade höchstwahrscheinlich an Dengue-Fieber erkrankt sind? Mit Sicherheit wird er – wie so oft – fälschlicherweise eine leichte Reizung der Mandeln diagnostizieren. Dieser Stümper. Den Arztbesuch können Sie sich also sparen. Nein, da müssten Sie schon eine Koryphäe für Tropenkrankheiten konsultieren. Aber auch das werden Sie nicht tun. Zu Hause zu bleiben, ist aber ebenfalls das falsche Signal. Geben Sie also dem Drängen Ihrer Frau nach und kriechen Sie aus der Wohnung. Gehen Sie aber auf gar keinen Fall zu einem Arzt, sondern setzen Sie sich stattdessen für ein paar Stunden in ein Café. Trinken Sie 25 doppelte Espresso und schleppen Sie sich wieder nach Hause. Kommentieren Sie dort Ihre zittrigen Hände und Ihr bleiches

Antlitz mit der tonlos dahingehauchten Bemerkung, dass der Arzt etwas Ernstes gefunden hat. Etwas sehr Ernstes, über das zu reden Sie aber aufgrund Ihres Nervenkostüms im Moment nicht imstande sind. Legen Sie sich ins Bett!

TAG 2: Bleiben Sie im Bett liegen! Auch wenn Ihnen nach einem schönen, leckeren Frühstück mit Milchkaffee, Schinkentoast und Rührei zumute ist. Todkranke Menschen verweigern die Nahrung. Die Sache hat nur einen Nachteil: Bereits nach ein paar Stunden werden Sie Hunger bekommen. Sorgen Sie also vor, indem Sie am Abend zuvor ausreichend Kekse, Kräcker und andere wertvolle Grundnahrungsmittel unter Ihrem Bett verstecken. Und wer weiß? Warum sollten nicht gerade diese Lebensmittel einen günstigen Einfluss auf den Krankheitsverlauf von Malaria haben? Sie haben richtig gelesen: Malaria. Denn über Nacht sind Sie natürlich noch viel kränker geworden. Ein Grund mehr, im Bett zu bleiben. Wenn Sie Glück haben, wird Ihre Frau ein paar Stunden später nach Ihnen sehen. Wenn Sie Pech haben, wird sie ein Fieberthermometer zücken und Sie zwingen, sofort die Temperatur zu messen. Die angezeigte Körpertemperatur von 36,5 Grad kommentieren Sie mit der Bemerkung, dass Ihre wirkliche Temperatur von 43 Grad das Thermometer zerstört haben muss. Und wahrscheinlich ist das auch so. Leiden Sie doch mittlerweile nicht nur an Dengue-Fieber und Malaria, sondern auch an der afrikanischen Schlafkrankheit.

TAG 3: Verteilen Sie im Haus diskret Informationsmaterial einer Organisation für humanes Sterben. Sollte Ihre Frau mit einer der Broschüren wenig später ins Schlafzimmer stürzen, um Sie zur Rede zu stellen, gestehen Sie unter Heulkrämpfen, dass Sie ihr nicht weiter zur Last fallen wollen. Und das stimmt sogar. Immerhin haben Sie jetzt auch Lepra – eine Krankheit, die zu allem Unglück auch noch mit unerträglicher Geruchsbelästigung einhergeht. Und das wollen Sie Ihrer Frau nicht antun.

TAG 4: Bitten Sie Ihre Frau, einen Priester für die letzte Ölung kommen zu lassen. Falls Sie noch nie im Leben in einer Kirche waren und befürchten müssen, dass Ihr Wunsch nach geistlichem Beistand weibliches Stirnrunzeln hervorruft, konvertieren Sie zum Hinduismus und bitten Sie ein paar gute Freunde, im Garten einen Scheiterhaufen zu errichten – für sich, vor allem aber: für Ihre Frau.

TAG 5: Verschwinden Sie ohne Ankündigung für drei Tage. Lassen Sie einen Zettel zu Hause liegen, auf dem Sie erklären, zusammen mit einem guten Freund einen Ort für Ihre letzte Ruhestätte suchen zu wollen. Ihre Frau muss ja nicht unbedingt mitbekommen, dass Sie diesen Ort am Ballermann zu finden gedenken.

TAG 8: Wenn Sie es am Ballermann ordentlich haben krachen lassen – ein letztes Aufbäumen – werden Sie sich zu Hause jetzt richtig krank fühlen. Sie leiden nämlich nun auch an einer auf Mallorca selten vorkommenden, dafür aber oft tödlich endenden Form der Amöbenruhr. Auch wenn Ihre Frau Ihnen weismachen möchte, dass Ihr Durchfall eher nach Bierschiss riecht.

Beginnen Sie von nun an, jeden Tag ein Testament zu schreiben. Variieren Sie dabei täglich die Höhe des Erbes, das Sie Ihrer Frau zukommen lassen möchten. Je mehr Zuwendungen Sie von Ihrer Frau erhalten, desto höher das Erbe an diesem Tag. Mit etwas Glück setzen Sie bei ihr so einen Lernprozess in Gang.

TAG 10: Endlich! Sie haben es geschafft! Kurz bevor das große weiße Licht kommt, hat Ihre Frau ein Einsehen und räumt ein, dass Sie unter Umständen tatsächlich an etwas anderem erkrankt sind, als an der üblichen Mandelentzündung. Heureka! Sie verspricht, alles dafür zu tun, dass es Ihnen an nichts mangelt. Und diesmal meint sie es tatsächlich ernst. Das Fest kann beginnen!

TAG 11: Ihre Mutter reist an, um Ihrer Frau bei der Krankenpflege tatkräftig unter die Arme zu greifen.

TAG 11, WENIG SPÄTER: Ein Wunder geschieht! Innerhalb weniger Minuten setzt eine unerklärliche Spontanheilung ein und lässt Sie aus dem Bett hüpfen. Dabei brechen Sie sich am Bettpfosten den kleinen Zeh. Doch statt sofort einen Arzt aufzusuchen, beißen Sie die Zähne zusammen und bringen den Müll hinunter. Wir Männer sind ja nicht wehleidig.

INTERVIEW MIT
BERÜHMTEN MÄNNERN

Um mehr über das Wesen des Mannes herauszu-finden, sprachen wir mit zwei Interviewpart-nern: Mit Chuck Norris, einem der weltweit bekann-testen Experten für das Mann-Sein und Virilität, und mit DEM MANN schlechthin – nämlich Thomas Mann, der Anfang des 20. Jahrhunderts durch Werke wie *Buddenbrooks, Der Zauberberg* und *Tod in Venedig* weltberühmt wurde und 1929 den Literatur-Nobel-preis erhielt.

Herr Mann, erst mal die Frage, die sich bei einem echten Mann wie Ihnen natürlich automatisch stellt: Was rülpst sich besser – die Nationalhymne oder Beethovens Neunte?

THOMAS MANN: Mit aller Bestimmtheit möchte ich versichern, dass es keineswegs aus dem Wunsche geschieht, meine Person in den Vorder-grund zu schieben, wenn ich dem Versuch einer Ant-wort auf diese Frage einige Worte vorausschicke, da mich die Annahme bestimmt, dass der Leser oder, da diese Schrift ja noch nicht das Licht der Öffent-lichkeit erblickt hat, sage ich besser: der zukünftige

Leser wünschen könnte, über das Wer und Was des hier Befragten beiläufig unterrichtet zu sein; also, um hier wieder anzusetzen, nur aus diesem Grunde schicke ich vielleicht zunächst einige Notizen über mein eigenes Individuum voraus, nicht ohne die Gewärtigung freilich, gerade dadurch dem Leser Zweifel zu erwecken, ob er sich auch in den richtigen Händen befindet, will sagen: ob ich meiner ganzen Existenz nach der rechte M A N N für die Aufgabe bin, zu deren Bewältigung vielleicht mehr das Wesen als irgendeine Namensverwandtschaft mich befähigen würde, oder – um es in einer weniger vereinfachten Form und damit in gewandteren Worten dem geneigten Leser nahezubringen …

Sie haben keine Ahnung?

T H O M A S M A N N : Korrekt. Was genau ist dieses „Rülpsen"?

Nun gut. Tja, Mr. Norris, was sagen Sie dazu?

C H U C K N O R R I S : Nun, man sieht in mir ja häufig den idealtypischen Repräsentanten eines männlichen Rollenmodells von konservativem, ja archaischem Zuschnitt, quasi einen lebenden Anachronismus. Aber damit tut man mir unrecht. Ich gehe vielmehr mit der Zeit und suche in modernen Ausprägungen von Männlichkeit, Stichwort Androgynität, Stichwort Metrosexualität, eine Chance, Diskriminierung durch ein überkommenes männerzentriertes Weltbild zu überwinden. Nur leider sehe ich nicht, wo Thomas Manns verschwurbelte Werke dabei hilfreich sein könnten.

Äh, Sie meinen also ...?

C H U C K N O R R I S : Genau: Fuck Zauberberg! Fuck Tonio Kröger!

T H O M A S M A N N : Fuck WAS?? Du Arsch!!!

(Stürzt sich auf Chuck Norris und prügelt ihn windelweich).

Meine Herren, vielen Dank für diesen aufschlussreichen Einblick in die männliche Psyche.

HÄNSEL & GRETEL FÜR HEIMWERKER

Vor einem großen *Praktiker*-Baumarkt wohnte ein armer Heimwerker mit seiner Frau und seinen zwei Kindern; das Bübchen hieß Hänsel und das Mädchen Gretel. Der Heimwerker hatte wenig zu hämmern und zu sägen, und einmal, als lange kein „30-Prozent-außer-auf-Tierfutter"-Rabatt mehr ins Land kam, konnte er auch den Holzleim nicht mehr bezahlen.

Als er sich nun in der Werkstatt Gedanken machte und vor Langeweile ein Blumenbänkchen abschliff, seufzte er und sprach zu seiner Frau: „Was soll aus uns werden? Ich wollte doch noch eine Sauna in den Keller bauen."

„Weißt du was, Mann?", antwortete die Frau. „Wir wollen morgen in aller Frühe zu *IKEA* fahren und die Kinder ins Kinderparadies führen. Dann kaufen wir den ganzen Tag auf Raten ein und können am Abend wenigstens nach Herzenslust Möbel aufbauen."

Als der Tag anbrach, kam die Frau und weckte die beiden Kinder. „Steht auf, ihr Faulenzer, wir wollen ins Möbelhaus, Köttbullar essen!" Danach machten sich alle zusammen im Kombi mit Anhänger auf den Weg zu *IKEA*. Vor dem Kinderparadies sagte der

Vater: „Nun spielt schön. Mama und ich gehen einkaufen. Heut Abend holen wir euch wieder ab."

Das Kinderparadies musste jedoch zehn Minuten später geschlossen werden, weil sich an der Holzrutsche eine nicht fachgerecht durchgeführte Schwalbenschwanzverbindung gelockert hatte, die eine sofortige Grundsanierung des Kinderparadieses nach sich zog. Als nun aber die Eltern von Hänsel und Gretel ausgerufen wurden, meldeten diese sich nicht – und so gingen die beiden Kinder nach draußen, über den Parkplatz und tief ins Industriegebiet hinein. Als es Mittag war, sahen sie einen roten Biber auf einem Dach sitzen. Und als sie ganz nah heran kamen, sahen sie, dass das Dach zu einem *OBI*-Baumarkt gehörte. Der Außenputz des Baumarktes war brüchig und die Außenreklame ganz lose. „Da wollen wir uns dran machen", sprach Hänsel, „und ein wenig renovieren. Ich geh aufs Dach an die Außenreklame und du, Gretel, du kannst dich um den Putz kümmern." Als er seinen Akkuschrauber ansetzte, brach Hänsel ein wenig vom Dach ab. Da rief eine Stimme aus dem Baumarkt heraus: „Knusper, knusper Knäuschen, wer schraubt da an meinem Häuschen?"

Hänsel ließ sich nicht irre machen und setzte die nächste 50er Spax. Da ging die Türe auf und eine *OBI*-Verkäuferin kam heraus. „Kommt nur herein und holt euch besseres Werkzeug bei mir! Es geschieht euch kein Leid. Habt Ihr eine Kundenkarte?"

Sie fasste beide an den Händen und führte sie in die Maschinenabteilung. Da ward gutes Gerät aufgetragen: Bohrhammer und Dremel und Zweihand-

Winkelschleifer mit Metall-, Stein- und Schleifaufsatz. Hernach wurden zwei Werkbänke aufgebaut, und Hänsel und Gretel meinten, sie wären im Himmel. Aber die Verkäuferin hatte sich nur so freundlich angestellt. Sie führte Böses im Schilde und suchte in Wirklichkeit billige Aushilfen für die Jahresinventur.

Nun musste der arme Hänsel ins Lager, Feingewindeschrauben zählen, während Gretel den ganzen Tag an der Kasse Stornos machte. Jeden Abend kam die Verkäuferin ins Lager und rief: „Hänsel, zeig mir die Inventurliste! Ich will sehen, ob du fertig bist! Wir wollen doch bald umräumen, hier soll ja das neue Bäderparadies hin!" Hänsel streckte ihr die Liste entgegen, aber weil die Verkäuferin überhaupt keine Ahnung vom Inventar hatte, konnte sie nicht erkennen, wie weit Hänsel schon war.

Als vier Wochen herum waren und Hänsel immer noch zählte, da überkam sie die Ungeduld, und sie wollte nicht länger warten. „Heda, Gretel!", rief sie dem Mädchen zu. „Sei flink und schalte den Betonmischer ein. Ich will die Wände fürs Bäderparadies schon mal gießen." Aber Gretel sprach: „Ich weiß nicht, wie ich's machen soll. Wo find ich denn den Schalter?" „Dumme Gans!", schalt sie die Verkäuferin. „Dann mach ich's eben selber!". Und als sie den Betonmischer einschalten wollte, gab ihr Gretel einen Stoß, damit sie weit hinein in die Trommel fuhr und schaltete ihn hurtig ein.

Hu! Da fing die Verkäuferin an zu heulen, ganz grauslich – aber nicht lange, denn Gretel hatte Schnellzement genommen, und der war schon nach

30 Sekunden abgebunden. Gretel stellte die hart gewordene Verkäuferin ins Gartencenter neben die Porzellan-Dalmatiner und lief dann schnurstracks zu Hänsel. Und weil sie sich nicht mehr fürchten mussten, durchstöberten sie den ganzen Baumarkt und fanden viele *Hiltis, Kärchers* und *Black & Deckers*.

„Aber jetzt wollen wir fort", sagte Hänsel.

Als sie ein paar Stunden gegangen waren, erblickten sie von Weitem ihres Vaters Fertighaus mit Eigenleistung. Da fingen sie an zu laufen, stürzten in die Werkstatt, fielen ihrem Vater glücklich um den Hals und küssten seine Sicherheitshandschuhe.

Der Mann hatte keine frohe Stunde gehabt, seitdem er die Kinder bei *IKEA* zurückgelassen hatte, die Frau aber war auf der Suche nach einem passenden Inbusschlüssel gestorben.

Gretel schüttete ihr Schürzchen aus, so dass *Hilti* und *Kärcher* nur so in die Werkstatt purzelten, und Hänsel warf eine Handvoll Schleifpapier dazu. Da hatten alle Sorgen ein Ende, und sie lebten in lauter Freude zusammen, bis zur nächsten Renovierung.

KOMMUNIKATION
ZWISCHEN MANN & FRAU

Ein kleiner Leitfaden

Die Kommunikation zwischen Mann und Frau gilt im Allgemeinen als schwierig. Während Frauen über ein schier unerschöpfliches Mitteilungsbedürfnis verfügen und dies kundtun, indem sie täglich Millionen von Wörtern aufs männliche Gehör einprasseln lassen, äußern Männer im Gespräch mit dem zarten Geschlecht häufig nicht mehr als ein „mhhh", „pfff" oder „joah". Oft haben sie damit auch alles gesagt, was ihnen gerade durch den Kopf ging. Nämlich „mhhh", „pfff" und „joah". Aber nicht immer! Denn der Mann ist durchaus in der Lage, seiner Umwelt komplexere Inhalte verbal mitzuteilen. Man muss die Laute nur richtig zu deuten wissen. Hier ein Beispiel:

WAS DER MANN ZUM AUSDRUCK BRINGEN WILL,
WENN ER ZU EINER FRAU SAGT …

„Bier?"

„Hallo. Ich beobachte dich schon die ganze Zeit, und ich finde dich sehr sympathisch. Darf ich dich auf ein Getränk einladen, solange es sich dabei um

ein preiswertes alkoholisches Getränk wie Bier handelt?"

„Noch 'n Bier?"

„Ich weiß, dass ich keine Ausgeburt von Schönheit bin. Deshalb fände ich es im Hinblick auf die weitere Abendgestaltung von Vorteil, wenn du mich dir schönsaufen könntest."

„Ich nehm' auch noch eins."

„Ich mach das nämlich mit dir genauso."

„Noch 'n Absacker?"

„Ich finde dich jetzt schön genug. Gehen wir zu dir oder zu mir?"

Natürlich ist auch der umgekehrte Weg, also die Kommunikation von Frau zu Mann, nicht ohne Fallstricke. Vor allem dann, wenn die Frau sich bewusst und in trügerischer Absicht des männlichen Vokabulars bedient. Vorsicht!

WAS DIE FRAU ZUM AUSDRUCK BRINGEN WILL,

WENN SIE ZU IHREM MANN SAGT …

„Bier?"

> „Ich hab bei Amazon ein supergeiles Kleid entdeckt. Normalerweise kostet es 1.299 Euro, und jetzt im Augenblick wird es für supergünstige 1.289 Euro angeboten. Du hast doch nichts dagegen, wenn ich es bestelle, oder? Ich stör dich dann auch nicht weiter."

„Noch 'n Bier?"

> „Noch schöner ist natürlich das Kleid für 1.899 Euro …"

„Ich nehm' auch noch eins."

> „… obwohl ich genau weiß, dass ich mir das bei deinem jämmerlichen Gehalt niemals werde leisten können. Deswegen trink ich mir Mut an, um dir zu sagen, dass ich bereits ein paar dazu passende Stiefel für 999 Euro bestellt habe."

„Noch 'n Absacker?"

„Übrigens hab ich einen Mann kennengelernt, der mehr verdient als du, besser aussieht und nicht so eine grenzdebile Verwandtschaft hat. Morgen bekommst du Post von meinem Scheidungsanwalt."

Zum Glück ist dies jedoch nur eine Ausnahme. In der Regel funktioniert die Kommunikation von Frau zu Mann nach folgendem Muster:

„Ich war heute im Getränkemarkt, einkaufen. Bier war ja alle. Da hab ich die Edeltraud getroffen. Die wollte auch Bier kaufen. Diese spezielle Marke, für ihren Horst. Der trinkt ja nix anderes. Da kommt der nach seinem Vater, meint die Edeltraud. Der ist jetzt krank. Nicht der Horst, der Vater. Nun hör doch zu! Muss eine Woche ins Krankenhaus. Und sie hat noch erzählt, er hat einen Furunkel. Muss aufgeschnitten werden. Nicht der Vater, der Horst! Nie hörst Du richtig zu. Und auf dem Parkplatz ... bla bla bla bla bla bla ..."

„Bier?"

Frauen sind Männern oft ein Rätsel. Eines der größten Mysterien der jüngeren Geschichte ist dabei sicherlich das Phänomen des „Frauenfilms". Das einzige, was Männer darin zunächst erkennen können: Neunzigminütige Geschichten ohne erkennbare Handlung, in denen Frauen sich Beschäftigungen hingeben, die sie schon im tatsächlichen Leben mehr als ausfüllen – reden und emotional sein. Aber sind Frauen-Filme *wirklich* so schlimm? Und wenn ja: Was genau läuft da schief? Wir sind dieser Frage nachgegangen und haben den Film *Bridget Jones – Schokolade zum Frühstück* einer kritischen Prüfung unterzogen.

Der Grundansatz:

So ist es im Film: Bridget Jones ist eine abgewandelte moderne Version des Jane-Austen-Klassikers *Stolz und Vorurteil*.

So hätte es sein sollen: Bridget Jones ist eine moderne Version des Tobe-Hooper-Klassikers *Das Texas-Kettensägen-Massaker*.

Der Vorspann:

So ist es im Film: Der Titel lautet *Bridget Jones – Schokolade zum Frühstück.*

So hätte es sein sollen: Der Titel lautet *Bridget Jones – Blutfontänen zum Frühstück.*

Die Hauptdarstellerin:

So ist es im Film: Bridget Jones wird gespielt von Renée Zellweger, die für die Rolle zehn Kilogramm zugelegt hat.

So hätte es sein sollen: Bridget Jones wird gespielt von Megan Fox, die für die Rolle zwei Körbchengrößen zugelegt hat.

Die Einführung:

So ist es im Film: Die Verlagslektorin Bridget Jones ist auf einer Weihnachtsparty eingeladen. Dort isst und trinkt sie zu viel, was ihr ein schlechtes Gewissen macht. Sie gerät außerdem in zahlreiche peinliche Situationen und trifft auf den Mann, der für sie bestimmt ist.

So hätte es sein sollen: Die Special-Forces-Polizistin Bridget Jones (Megan Fox) ist auf einer Weihnachtsparty eingeladen. Als Terroristen das Haus stürmen und die Gäste als Geiseln nehmen, entkommt Bridget als einzige und führt von nun an – in Jeans und Männerunterhemd – einen erbarmungslosen Nervenkrieg gegen die Scheusale, die sie, einen nach dem anderen, eliminiert.

Der erste Akt:

So ist es im Film: Bridget verliebt sich in ihren Chef Daniel, der von Hugh Grant gespielt wird.

So hätte es sein sollen: Bridget verliebt sich in ihren Chef Daniel, der <u>nicht</u> von Hugh Grant gespielt wird. Besser noch: Sie verliebt sich in ihre Chefin, dargestellt von Scarlett Johansson und beginnt mit dieser eine leidenschaftliche lesbische Affäre.

Das Ende des ersten Aktes:

So ist es im Film: Bridget und ihr Chef Daniel machen einen Wochenendtrip in ein Landhotel. Sie haben heißen Sex – was wir allerdings nur vermuten dürfen, denn das wird nicht gezeigt.

So hätte es sein sollen: Bridget und ihr Chef Daniel machen einen Wochenendtrip in ein Landhotel. Sie haben heißen Sex. Eine dreißigminütige, liebevoll und detailreich gestaltete Szene (die Megan Fox auf den Leib geschrieben ist) illustriert diesen dramatischen Höhepunkt angemessen.

Der nächste Morgen:

So ist es im Film: Bridget und ihr Chef Daniel liegen im Bett und reden über ihre Beziehung.

So hätte es sein sollen: Eine derart langweilige Laberszene kommt im Film nicht vor.

Der erste Wendepunkt:

Bridget entdeckt, dass ihr Chef Daniel noch eine andere Geliebte und mit ihren Gefühlen nur gespielt hat. Sie trennt sich, ihr Herz ist gebrochen.

Bridget entdeckt endlich, dass es sich bei ihrem Chef Daniel in Wirklichkeit um den international gesuchten Super-Bösewicht „Le Chiffre" handelt. Le Chiffre entkommt, als er seinerseits entdeckt, dass Bridget in Wirklichkeit keine einfache Lektorin ist, sondern eine britische Top-Agentin. Bridget verfolgt den Schurken, eine Suche, die sie an zahlreiche exotische Plätze rund um den Globus führt, wo sie actionreiche Verfolgungsjagten und heißer Sex zu gleichen Anteilen erwarten.

Der Beginn des zweiten Akts:

So ist es im Film: Bridget fährt verzweifelt nach Hause und schaut dort weinend schnulzige Filme, während sie im Pyjama Chips futternd auf dem Sofa liegt.

So hätte es sein sollen: Bridget fährt verzweifelt nach Hause – und entdeckt, dass jemand sich an ihrem Wagen zu schaffen gemacht hat: Sobald sie langsamer als 50 km/h fährt, wird eine Bombe in ihrem Kofferraum explodieren.

Eine humorvolle Szene zwischendurch:

So ist es im Film: Bridget wird auf eine Kostümparty eingeladen und erscheint als Playboy-Bunny.

So hätte es sein sollen: Bridget wird auf eine Kostümparty eingeladen und erscheint als Playboy-Bunny.

Der Höhepunkt:

So ist es im Film: Mark Darcy, der Mann, der für Bridget bestimmt ist, und ihr fieser Chef Daniel tragen ihre Streitigkeiten in einem Handgemenge aus. Daniels Lippe beginnt zu bluten.

So hätte es sein sollen: Mark knallt Daniel über den Haufen. Noch besser: Bridget knallt beide über den Haufen. Noch besser: Sie benutzt keinen Revolver, sondern eine Kettensäge.

Das Ende:

So ist es im Film: Bridget erkennt, dass in Wirklichkeit nicht Mark Darcy, der Mann, der für sie bestimmt ist, ihrem fiesen Chef Daniel bei seiner Hochzeit die Frau ausgespannt hatte, sondern, umgekehrt, dass Daniel damals die Frau von Mark verführt hatte. Bridget sieht ein, dass sie Mark falsch eingeschätzt hat, und ist nun endlich bereit für die Liebe.

So hätte es sein sollen: Bridget erkennt, dass Mark Darcy in Wirklichkeit ein Android ist – aus der Zukunft zurückgereist, um John Connor zu beschützen, der dereinst die Menschheit im Krieg gegen die Maschinen anführen wird. Es folgt eine dreißigminütige Sexszene, die zeigt, zu welch übermenschlichen Leistungen Androiden im Bett fähig sind. Dann schließlich nutzt Bridget diesen Kontakt, um selbst in die Zukunft zu reisen und die Handlung des ganzen Films ungeschehen zu machen.

DIE UNNÜTZESTEN
ERFINDUNGEN

Männer sind Erfinder. Die meisten bahnbrechenden Erfindungen der Menschheit gehen auf Männer zurück. Aber nicht alle davon entpuppten sich für das eigene Geschlecht als segensreich – manche erwiesen sich sogar als brutale Eigentore.

DAS NAVIGATIONSGERÄT

Auf den ersten Blick scheint das Navigationsgerät wie für uns Männer gemacht: ein technisches Spielzeug mit vielen sinnlosen Funktionen, über die man mit anderen Männern herrlich fachsimpeln kann.

Aber wollen wir das wirklich? Wollen wir wirklich, dass uns ein simples Gerät das abnimmt, wodurch wir uns über Jahrtausende hinweg als Männer definiert haben: unsere einzigartige Fähigkeit, immer und überall den kürzesten Weg zu finden – egal wohin?!

Wir Männer waren immer die unumschränkten Herrscher über Wege, Straßen, ja die gesamte topographische Welt. Bis das Navi kam.

Diese Erfindung des Teufels hat uns nicht nur unser Alleinstellungsmerkmal als „Götter der Orientierung"

genommen, es trifft uns auch an unserer empfind-
lichsten Stelle: Es untergräbt unsere natürliche Autorität gegenüber Frauen, die uns Männern in ihrer
navigatorischen Hilflosigkeit immer vollständig aus-
geliefert waren. Doch mithilfe des Navis können jetzt
auch unsere Frauen Wege finden und Routen planen.

Und schlimmer noch: Sogar unsere Töchter können
es – bereits im Vorschulalter. Für uns die ultimative
Demütigung.

Den einstigen Herrschern über Raum und Zeit
bleibt heute nur noch die technische Beherrschung
des Navis selbst.

Ein schwacher Trost, denn auch hier sind uns unsere Töchter deutlich überlegen.

DIE SOMMERPAUSE DER FUSSBALL-BUNDESLIGA

Aus der Sicht von uns Männern ist sie zweifelsohne die bedeutendste Erfindung der Menschheit: die Fußball-Bundesliga. Aber es gibt einen Haken. Jedes Jahr im Juni oder Juli stellt die Bundesliga ihren Spielbetrieb für einige Wochen ein. Die denkbar größte Katastrophe, denn dann wird uns, wie nirgendwo sonst, die tiefe Sinnlosigkeit unseres Daseins aufs Schmerzhafteste bewusst. Weil wir wissen: Ein Leben ohne Fußball ist möglich, aber sinnlos. Dies ist auch der Grund, warum die Suizidrate unter deutschen Männern in den Sommermonaten um fast 250 % ansteigt. Um uns während des Sommers nicht gänzlich auf kalten Entzug zu setzen, erfand man den Supercup, und um die kleinere, aber nicht viel weniger schmerzhafte Pause im Winter zu überbrücken, die *FIFA-Klub-WM*. Dank dieser Maßnahmen sank die Zahl der Selbsttötungen um 0,005 %.

ALKOHOLFREIES BIER

Streng genommen ist „alkoholfreies Bier" ein Oxymoron, wie der schwarze Schimmel, die schweigende Frau oder koffeinfreier Kaffee. Ähnlich nutzlos für uns Männer sind nur noch: Schrauben ohne Mutter, Autos ohne Räder oder Sex ohne Orgasmus.

DIE TEMPO-30-ZONE

Männer haben seit Jahrtausenden einen angeborenen Bewegungsdrang. Früher wurde dieser durch das Jagen von Säbelzahntigern oder das K.-o.-Schlagen und In-die-Höhle-Zerren der Ehefrau in spe ausgelebt. Heute gehen wir Männer diesem Urtrieb häufig in tiefer gelegten Limousinen oder auf frisierten Motorrädern nach, mit denen wir mörderlaut durch unser Dorf oder Stadtviertel kacheln. Durch die Erfindung und Einführung der Tempo-30-Zone wurde dieses Naturgesetz schlicht und einfach ignoriert! Dankenswerterweise hat der deutsche Staat diese genetische Prädisposition seiner männlichen Bevölkerungsteile nicht gänzlich ausgeblendet und deshalb die Einführung eines allgemeinen Tempolimits auf Autobahnen bis heute erfolgreich verhindert. Wenigstens dort kann und darf der deutsche Mann noch Mann sein. Und damit sind wir in bester Gesellschaft mit unseren Geschlechtsgenossen auf Vanuatu und der Isle of Man. Und jetzt sagen Sie ja nicht, die haben doch gar keine Autobahn!

IKEA

Das schwedische Möbelhaus *IKEA* hat uns Männern viel Freude bereitet. Zumindest dem handwerklich unbegabten Teil von uns. Denn jetzt konnten selbst technische Voll-Legastheniker ohne fremde Hilfe ein komplettes Bücherregal zusammenschrauben. Doch schnell wurde klar: Wenn jede Heimwerker-Nulpe ein Regal zusammenschrauben kann, dann kann es auch die eigene Frau! Spätestens, als die Dame unseres Herzens dann tatsächlich ihr erstes „Billy"-Regal selbsttätig aufgebaut hatte, mussten wir Männer uns eingestehen: *IKEA* untergräbt unsere gottgegebene Autorität!

Kurz nachdem wir den Schmerz über unsere verlorene handwerkliche Alleinherrschaft überwunden hatten, konfrontierten uns unsere Frauen mit einer weiteren Perfidie: Wir sollten sie jeden zweiten Samstag in die nächstgelegene IKEA-Filiale begleiten. Diese entpuppte sich schon beim ersten Besuch als ein ausschließlich für Männer angelegter Folterkeller. Ein Folterkeller mit vielen Räumen und noch mehr Folterwerkzeugen: Sofas mit Blümchenmustern, Himmelbetten mit Satin-Kisschen und Einbauküchen in Landhaus-Optik. Und jeden von uns, der denkt, nach der Kindermöbelabteilung kann es nicht mehr schlimmer kommen, erwartet am Ende dieses unmenschlichen Rundganges das grauenvollste aller Folterverliese: die SB-Markthalle. Ein Raum, angefüllt mit Abermillionen Dingen, die unsere Frauen gerade „supergut gebrauchen können" und die sie deshalb tatsächlich kaufen, so dass wir Männer nach einstündigem Anstehen an der Kasse und dem anschließenden Bezahlen gezwungen sind, den finanziellen Offenbarungseid zu leisten. Nach diesen endlosen Stunden der Qualen und Torturen müssen wir erkennen: Der zwischenzeitliche Genuss von zehn flummiartigen, geschmacksfreien Hackfleischklößchen in der hauseigenen Kantine war eindeutig der Höhepunkt des Tages!

ROMANTIC COMEDIES

Das genaue Entstehungsdatum der ersten „Romantic Comedy" ist unbekannt, aber seit es sie gibt, entwickelten sich für Männer Kinobesuche mit der Freundin zu einer sogenannten No-win Situation. Die Optionen, die sich dem gequälten Manne auftun: tödliche Langeweile oder monatelanger Sexentzug. Aber selbst, wenn Sie über Ihren Schatten springen und Ihre Frau oder Freundin tatsächlich in die neue Komödie mit Sandra Bullock, Jennifer Aniston oder Cameron Diaz begleiten, können Sie nicht sicher sein, dass dies nicht trotzdem mit einer längeren Sexabstinenz verbunden sein wird. Denn schon ein während des Films flockig dahingeworfener Satz wie: „Mein Gott, da muss man doch nicht heulen! Das ist doch nur ein Film!", kann nicht nur Ihr Sexleben, sondern Ihre gesamte Beziehung für immer beenden.

TAGEBUCH
EINES VATERS

15. April: Als ich durch den Stadtpark joggte, sah ich einen Vater, der mit seinem Sohn selbst gebaute Drachen steigen ließ. Seitdem nagt es an mir: Als Lukas vor zehn Jahren geboren wurde, hatte ich mir genau ausgemalt, wie ich mit ihm all diese Vater-Sohn-Sachen machen würde, die für ihn Meilensteine auf dem Weg zum Mannsein bedeuten würden: Drachen basteln, ein Fahrrad reparieren, ein Survival-Trip durch den Wald, bei dem ich ihm zeige, wie man ein Feuer anzündet und sich von Würmern und Wurzeln ernährt.

Nichts von alldem habe ich getan. Ich überlegte lange, warum - und kam schließlich zu einem Ergebnis. Das Problem liegt möglicherweise darin, dass ich

a) keine Ahnung vom Drachenbauen habe,

b) auf Kriegsfuß mit schwer durchschaubaren technischen Details wie Gangschaltungen, Reifendruck und Rücklichtern stehe,

c) nie rausgekriegt habe, wie das mit dem Feuermachen im Wald funktioniert und

d) einen nervösen Magen habe, der an eine schonende Nahrungszubereitung gewöhnt ist, und dem man deshalb Würmer und Wurzeln nicht zumuten kann.

16. April: Habe die halbe Nacht wachgelegen - dann kam die Erkenntnis: Ich werde zusammen mit Lukas ein Baumhaus bauen! Bin voller Euphorie, die nur dadurch gedämpft wurde, dass meine Frau – unwillig darüber, um halb vier Uhr nachts geweckt worden zu sein – mich mit mitleidigem Lächeln an das „Ich-baue-eine-Vogeltränke"-Fiasko von 2009 erinnerte, in dessen Folge ich mehrere Wochen lang meinen Arm in einer Schlinge hatte tragen müssen. Aber ich lasse mich nicht entmutigen. Was für ein Mann wäre ich, wenn ich nicht ein paar Holzlatten zusammenzimmern könnte?

17. April: Wie sich herausgestellt hat, findet Lukas es toll, etwas mit seinem Vater zu unternehmen – solange er dabei nicht das Freie aufsuchen und sich nicht weiter als fünf Meter von einem elektronischen Gerät, auf dessen Tastatur er einhämmern kann, entfernen muss. Aber ich habe mich durchgesetzt – schließlich gehört es auch zu seiner Mannwerdung, meine väterliche Autorität zu akzeptieren. Und er wird schon merken, wie toll es ist, mit seinen eigenen Händen ein Baumhaus zu bauen. Und wie sehr sein Selbstvertrauen davon profitieren wird.

19. April: Heute waren wir im Baumarkt, um die notwenigen Werkzeuge zu besorgen. Ich wandte mich an einen Verkäufer, der gelangweilt an mir vorbeistarrte und dann fragte: „Was für ne Art Baumhaus? Und in was für'n Baum?" Ich musste mir daraufhin eingestehen, dass der heutige Trip ein wenig überstürzt war. Wir erstanden zwei Paar Arbeitshandschuhe – immerhin ein Anfang.
Beim Hinausgehen lächelte Lukas mitleidig und sagte: „Mann, Papa, du hast echt keine Ahnung." So hat er noch nie mit mir geredet. Ein guter Beginn für unser Projekt: Sein Selbstvertrauen hat bereits profitiert.

21. April: Großer Triumph: Mein Sohn und ich haben gemeinsam eine Konstruktionszeichnung fertiggestellt, wirklichkeitsecht und maßstabsgetreu. Da wir dazu ein Computerprogramm verwendeten, war auch Lukas mit Begeisterung dabei. Nachher starrten wir erschöpft, aber zufrieden auf das Ergebnis unserer Arbeit und waren uns einig: ein Baumhaus zu errichten ist richtiger Männer-Spaß!

23. April: Lukas und ich saßen wieder über der Konstruktionszeichnung und arbeiteten Verbesserungen ein. Fantastisch – wir entwickeln uns zu perfekten Baumhaus-Erbauern.

02. Juni: Als ich Lukas wie jeden Abend aus seinem Zimmer holen wollte, um die Konstruktionszeichnung noch einmal durchzugehen, stöhnte er nur genervt: „Bitte nicht! Ich kann den Kram nicht mehr sehen!"

03. Juni: Wieder im Baumarkt. Dort trafen wir auf unseren Nachbarn Heiner, einen Allround-Handwerker. Sein Dach neu zu decken oder einen Carport zu bauen, bereitet Heiner in etwa so viel Mühe, wie mir eine Zeitung zusammenzufalten. Als ich ihm von meinem Vorhaben erzählte und erläuterte, dass ich das Holz der Edelkastanie verwenden wollte, lächelte er mitleidig: „Edelkastanie, ja? Was willst du denn bauen? Eine Schatztruhe?"
Ich ließ mir nichts anmerken, aber als Heiner sich verabschiedet hatte, schwenkte ich dann doch auf Fichte um. Im Hinausgehen bekam ich mit, wie Lukas kopfschüttelnd das Wort „Edelkastanie" vor sich hinmurmelte und mich dabei mit einem mitleidigen Lächeln bedachte. Heiner scheint ihn beeindruckt zu haben. Sehr gut – männliche Vorbilder sind so wichtig in seinem Alter.

05. Juni: Heute haben wir die Krone des alten Apfelbaums vermessen, in die wir das Baumhaus setzen werden. Morgen geht es endlich los. Ich bin voller Erwartung.

06. Juni: Die Ärzte in der Notaufnahme waren sich einig: Ich habe ein Riesenglück gehabt, als ich zusammen mit Brettern und Geäst aus der Baumkrone gestürzt bin. Zu Hause erwarteten mich meine Familie und Heiner, der mein Missgeschick kommentierte: „Nächstes Mal suchst du dir besser einen Baum aus, der innen nicht morsch ist, was?" Lukas kicherte. Naja, ist es nicht auch das wichtigste, dass es *ihm* Spaß macht?

09. Juni: Wollte heute schließlich die tragenden Balken in die Baumkrone setzen. Doch als ich ansetzte, die riesigen verzinkten Schraubbolzen in den Stamm zu hämmern, fing Mara, Lukas' kleine Schwester, bitterlich zu weinen an. „Du ermordest den Baum! Mörder! Mörder-Papi!"

18. Juni: Wir werden das Baumhaus also auf Pfählen errichten, es wird sich nur gegen den Baum lehnen. Diese Variante ist kaum teurer, lediglich der Gegenwert eines Wochenendtrips nach Amsterdam. Dafür wacht Mara nachts nicht mehr schreiend aus Albträumen auf, in denen ein hammerbewehrtes Monster, das mir verdächtig ähnlich sieht, eine sinistre Hauptrolle spielt.

27. Juni: Habe feststellen müssen, dass ich keine Ahnung habe, wie man Pfähle lotrecht in den Boden rammt. Zum Glück konnte Heiner helfen. Dabei scheuchte er Lukas und mich herum wie Hilfsarbeiter. Lukas gehorchte mit einem Eifer, den ich sonst nicht von ihm kenne, ich dagegen fühle mich entmündigt. Aber Dank meiner inneren Reife habe ich es nicht nötig, einen Rangkampf um den Platz des Alpha-Männchens auszufechten.

05. Juli: Heute begannen Lukas und ich, die Plattform anzubringen. Alles klappte wunderbar – bis die Bretter unter mir nachgaben. Die Ärzte der Notfallstation begrüßten mich wie einen alten Bekannten, die Stationsschwester bot mir lächelnd Mengenrabatt an. Später im Baumarkt kaufte ich mehrere Kubikmeter Mulch, die ich unter dem Baum ausstreuen werde. Zu Hause begrüßte mich wieder Heiner, der kopfschüttelnd zwischen mir und den zerborstenen Planken hin und her sah: „Fichtenbretter? Mann, damit kannst du bestenfalls eine Puppenstube basteln!" Lukas, der neben ihm stand, schüttelte ebenfalls den Kopf und wirkte dabei sehr erwachsen. Ganz klar: Er wird langsam zum Mann – dank Heiner.

11. Juli: Die Plattform ist fertig. Sie hätte rechtwinklig sein sollen, es handelt sich allerdings eher um ein Rhomboid, das an eine Kulisse aus einem expressionistischen Horrorfilm erinnert. Was soll's – es wackelt fast gar nicht und wird schon gehen.

12. Juli: Es geht nicht.

19. Juli: Bin heute aus dem Krankenhaus entlassen worden. Die Ärzte lobten meine Voraussicht mit dem ausgestreuten Mulch, der mir vermutlich das Leben gerettet hat.

30. Juli: Lukas ist nicht mehr dazu zu bewegen, die Bauarbeiten am Baumhaus fortzusetzen. Er meidet die Baustelle mit dem abergläubischen Respekt, den primitive Völker den Begräbnisstätten ihrer Ahnen entgegenbringen. Mich dagegen bedenkt er nur noch mit dem mitleidigen Blick, den er sich bei Heiner abgeschaut hat.

01. August: Habe die letzte Chance genutzt: Als ich im Mulch einen Regenwurm entdeckte, stopfte ich ihn mir kurzerhand in den Mund und verspeiste ihn – vor den Augen meines entsetzten Sohnes.
Seitdem sieht mich der Junge in ganz neuem Licht – ebenso wie die Ärzte der Notaufnahme, die nicht schlecht staunten, als sie mich nicht wegen Verstauchungen und Prellungen, sondern wegen einer schweren Magenverstimmung mit Vergiftungserscheinungen behandeln mussten. Egal, dieser Vorfall hat dafür gesorgt, dass es doch noch zu unserem Vater-Sohn-Projekt kommt: Morgen werde ich mit meinem Sohn zum Survival-Trip in den Wald aufbrechen, wo wir uns von Würmern und Wurzeln ernähren werden.
Lukas zittert jetzt schon. Gut so. Wer sagt denn, dass Mann-Werden Spaß machen soll?

SÄTZE, DIE EIN
ECHTER MANN
NIEMALS SAGEN
SOLLTE

„ Schatz, ich fühle mich in unserer Beziehung in letzter Zeit etwas unwohl. Lass uns reden. "

„ Auch wenn ich stinkreich wäre, würde ich meinen Fiat 500 jederzeit dem BMW X7 meines Nachbarn vorziehen. Geringer Benzinverbrauch steht bei mir über allem anderen. "

„ Um einen optimalen Hygienegrad zu erreichen, wasche ich meine weiße Unterwäsche immer bei 95 Grad. "

„ Liebling, ich weiß, ich habe gestern auf der Party zu viel Alkohol getrunken und danach deine beste Freundin angebaggert. Leider habe ich keinerlei Kontrolle über meinen Alkoholkonsum, weshalb es immer wieder zu solchen Situationen kommen wird. Es tut mir leid. "

" Ich finde, unser grünes Sofa sieht viel schöner aus, seit du diese zwölf pinkfarbenen Zierkissen darauf drapiert hast. Das hätten wir schon viel früher tun sollen. "

" Meinen Hobbykeller abschaffen und stattdessen einen Tobe-Raum für unsere Kinder einrichten? Schatz, das ist eine hervorragende Idee! "

" Ich würde eine Folge „Verbotene Liebe" jederzeit einer Folge „Raumschiff Enterprise" vorziehen. "

„Ob ihr's glaubt oder nicht, Jungs – I C H würde Jennifer Lopez von meiner Bettkante schmeißen!"

„Mein Penis ist unterdurchschnittlich groß, und ab und zu habe ich Erektionsprobleme."

„Entschuldigung, wie komme ich von hier zum Hauptbahnhof?"

„Ein Schraubenzieher mit Akku? Wozu soll das gut sein?"

„Schatz, könntest du den Schlauch von Lucas' Rad flicken? Ich kann das nicht."

„Du willst, dass ich Samstag von 10 bis 22 Uhr mit dir Schuhe kaufen gehe? Schatz, du machst mich zum glücklichsten Menschen der Welt!"

KURZKRIMI

Als Kommissar Jeff Carter kurz nach Mitternacht vor der großen Glasfront von „Uncle Sam's Sports Bar" ankam, schaute er irritiert auf die Leiche, die auf dem Bürgersteig lag. Mit seinen breiten Schultern und seinen ausgebreiteten, kräftigen Armen sah der Tote aus wie ein umgefahrener Baum.

„Brad Miller, 29 Jahre, Footballspieler, Ehemann von Jennifer Miller." Carters Assistent Bill Smith, der schon vorher am Tatort eingetroffen war, deutete auf eine umwerfende Blondine Mitte zwanzig, die mit einer Zigarette in der Hand an einer Hauswand lehnte und dabei aussah wie ein rauchender Botticelli-Engel.

„Mrs. Miller und ihr Mann wollten nach einem Abend in der Bar zu ihrem Auto gehen. Als die beiden an der Fußgängerampel standen, lief Mr. Miller plötzlich bei Rot los und wurde von einem herannahenden 30-Tonner erfasst. Er war sofort tot."

„Sehr schön", sagte Carter und grinste zufrieden. „Wenn das Ganze ein Unfall war, kann ich ja wieder ins Bett gehen. Und zu der hübschen Brünetten, die gerade darin liegt."

„Nicht so schnell, Chef", entgegnete Smith. „Ein Freund der Millers, der auch in der Bar war, hat ausgesagt, dass Mr. Miller erst neulich eine

Lebensversicherung über 500.000 Dollar abgeschlossen hat. Die Begünstigte ist Mrs. Miller."

Carter pfiff durch die Zähne. „Gab es bei dem Unfall Augenzeugen?"

Smith nickte. „Eine ganze Menge. Das halbe Footballteam hat die beiden an der Ampel stehen sehen. Und sie alle bestätigen Mrs. Millers Aussage."

Kurz darauf stand Carter bei der Witwe des Toten. Neben ihr befand sich mittlerweile einer der Footballspieler, der sich als Tom O'Malley vorstellte, und tröstend einen Arm um sie gelegt hatte.

„Ich weiß, das ist verdammt schwer für Sie, Mrs. Miller", sagte Carter so einfühlsam, wie er konnte, „aber könnten Sie mir noch mal erzählen, wie der heutige Abend abgelaufen ist?"

Mrs. Miller atmete tief ein. „Wir … wir waren die ganze Zeit in der Bar. Brads Team hat heute ein wichtiges Spiel gewonnen. Und da sind wir alle hierher zum Feiern."

„Hatten Sie und Ihr Mann Streit?"

„Nein. Im Gegenteil. Tom meinte eben noch zu mir, wir hätten auf ihn gewirkt wie ein frisch verliebtes Paar."

O'Malley nickte bestätigend. „Jennifer tanzte ganz ausgelassen mit Brad, und danach erzählte sie uns allen, was Brad für ein toller Typ sei."

„Was genau haben Sie den Jungs denn erzählt?", wollte Carter wissen.

Mrs. Miller überlegte kurz. „Ich hab ihnen erzählt, dass Brad am letzten Valentinstag händchenhaltend mit mir spazieren gegangen ist, und dass er sich jedes

Mal total über den Blumenstrauß freut, den ich ihm immer zum Geburtstag schenke, und dass er öfter im Kino Liebesfilme mit mir anschaut und dabei manchmal weint, wenn ihn das Film-Paar an uns beide erinnert."

Mrs. Miller wurde von ihren Gefühlen übermannt. Tränen rannen über ihre wohlgeformten Wangen. Carter griff in seine Jacke und reichte ihr ein Taschentuch. Sie nahm es dankbar und schnäuzte hinein.

Smith kam von der Seite dazu. „Chef, hier ist vielleicht nicht der richtige Ort ... Sollen wir sie nicht mit aufs Revier nehmen und sie dort weiterverhören?"

„Aufs Revier bringen: ja. Verhören: nein. Ich weiß auch ohne Verhör, dass Mrs. Miller ihren Mann auf dem Gewissen hat."

Was war geschehen? Und wie ist Kommissar Carter der Witwe auf die Schliche gekommen?

Mrs. Miller wollte tatsächlich an das Geld aus der Lebensversicherung herankommen, um sich mit ihrem Geliebten Tom O'Malley nach Mexiko abzusetzen. Deshalb schmiedeten die beiden einen teuflischen Plan. Sie wusste genau, wie Männer im Allgemeinen und Footballer im Besonderen ticken; sie wusste, was es anrichten würde, wenn sie vor Brads versammelter Mannschaft erzählte, dass er mit ihr am Valentinstag händchenhaltend spazieren geht, dass er sich über Blumengeschenke freut, dass er sich mit ihr zusammen Liebesfilme anschaut und dabei sogar weint. Sie wusste: Schlimmer als mit einer solchen Geschichte kann man einen Mann vor seinen Kumpels nicht demütigen. Vor allem, wenn es sich dabei um ein Footballteam handelt. Daher blieb Brad Miller nur eine Möglichkeit: der sofortige Freitod. Entgegen ihrer Aussage war sich Mrs. Miller völlig im Klaren darüber, dass es für ihren Mann keinen anderen Ausweg mehr gab – und dies nutzte sie kaltblütig aus.

WIE ERKLÄRE ICH EINER FRAU DIE ABSEITSREGEL?

Die Menschheit teilt sich in zwei Gruppen auf: a) diejenigen, die die Abseitsregel kapiert haben, und b) diejenigen, die zu doof dazu sind. Oder mit anderen Worten: Männer und Frauen.

Damit könnten im Prinzip alle Seiten zufrieden sein. Frauen wissen ja immerhin auch eine Menge Dinge: Wie man ein Fenster putzt, ohne dass fiese Schlieren zurückbleiben, oder wie man hochkonzentriert eine einschüchternd wirkende Apparatur namens Wimpernzange benutzt und gleichzeitig über die neuesten Thesen zur ungeklärten Sexualität von George Clooney referiert. Aber bei vielen Paaren kommt irgendwann der Moment, an dem die schicksalsschwangere Frage im Raum steht: „Wie genau war das noch mal mit dem Abseits?"

Wer jetzt nicht geistesgegenwärtig reagiert, dem stehen quälende dreißig Minuten bevor, in denen sich herauskristallisiert, dass …

… ihre Partnerin zu beschränkt ist, eine im Grunde simple Fußballregel zu begreifen (Ihre Sicht).

… Sie sprachlich zu minderbegabt sind, um eine im Grunde simple Fußballregel verständlich zu erläutern (Sicht Ihrer Partnerin).

Hier ist Ihre Kreativität gefragt, damit der häusliche Frieden gewahrt und – noch viel wichtiger – Ihr Fußballabend nicht ruiniert wird. Daher haben wir einige Tipps für Sie zusammengestellt:

WIE VERHALTE ICH MICH, WENN ICH MEINER PARTNERIN DIE ABSEITSREGEL ERKLÄREN SOLL?

a Sie sagen: „Ist im Grunde supereinfach. Jetzt läuft gleich die Zeitlupe. Wenn du genau hinschaust, versteht sich das von selbst." In Wirklichkeit ist die Zeitlupe längst vorbei – doch bis Ihre Partnerin das mitkriegt, hat sich ihr lebhafter Geist bereits neuen Fragen zugewendet, z. B. der nach der ungeklärten Sexualität von George Clooney.

b Sie setzen eine glaubwürdig beleidigte Miene auf und sagen: „Entschuldige, aber wenn du das bis jetzt nicht mitgekriegt hast, dann lohnt es sich auch nicht mehr, damit anzufangen."

c Sie sagen: „Ich hätte es dir gern erklärt. Wirklich, liebend gern. Aber seit der Sache mit dem passiven Abseits blickt da keiner mehr richtig durch ... und ich will dich nicht verunsichern."

d Sie sagen dasselbe wie in Antwort c), sparen sich aber die Worte und verwenden stattdessen einen stummen Blick, der Ihrer tiefen Resignation Ausdruck verleiht, bevor Sie sich wieder dem Spiel zuwenden.

e Sie sagen dasselbe wie in Antwort c), sparen sich aber die Worte und auch den stummen Blick und verleihen Ihrer Resignation stattdessen durch einen tiefen, langgezogenen Seufzer Ausdruck, ohne allerdings die Augen vom Fernseher abzuwenden.

f Sie stellen eine Gegenfrage: „Wie macht man eigentlich eine Bielmann-Pirouette?"

g Sie sagen: „Abseits? Das kann ich am besten mit ein paar Erdnussflips erklären. Leider hab ich das Schälchen gerade leergegessen – du müsstest neue aus der Küche holen."

Am sinnvollsten und vielversprechendsten ist allerdings der folgende Ansatz:

h Sie schauen sich Fußballspiele ausschließlich mit Ihren Kumpels in der Kneipe an. Dort werden keine lästigen Fragen gestellt. Zwar haben auch Ihre Freunde nicht verstanden, wie das mit dem passiven Abseits *wirklich* funktioniert (genauso wenig wie Sie) – aber keiner von Ihnen wird sich die Blöße geben, das durch eine Nachfrage zuzugeben.

Sie sind schließlich Männer!

HELFER IM HAUSHALT

– DER GROSSE PRAXISTEST –

Es gibt eine Unzahl von Geräten und Hilfsmitteln, die dazu dienen sollen, die Arbeit im Haushalt leichter zu gestalten. Wir unterzogen einige der beliebtesten von ihnen einem Praxistest und untersuchten sie auf ihre Tauglichkeit. So viel vorweg: Die Mehrzahl der getesteten Produkte scheint für Frauen konstruiert worden zu sein. Entweder weil sie – zumindest in den Händen eines Mannes – nur unzureichend funktionieren oder weil ihre Bedienung jeglicher Logik widerspricht. Gehen wir ins Detail:

DIE SPÜLMASCHINE

Eine Maschine, die nach dem Essen immer für blitzblank sauberes Geschirr sorgt – sagt zumindest die Werbung.

Ein verlockendes Versprechen. Doch unser Praxistest zeigt: alles Lüge. Von 15 getesteten Spülmaschinen säuberte nicht eine unser verschmutztes Testservice auch nur ansatzweise zufriedenstellend! Und der Grund dafür liegt in einem offensichtlichen Konstruktionsmangel: Keines der Geräte war nämlich imstande, das Geschirr selbsttätig in die Maschine zu befördern – egal, welches Spülprogramm wir auch einstellten.

F A Z I T : Die Idee ist nicht schlecht, die Ausführung muss jedoch neu überdacht werden. Alternative solange: Einweggeschirr benutzen.

DER STAUBSAUGER

Ein Gerät, das angeblich in der Lage ist, Staub aufzusaugen. Schön und gut. Allerdings fragen wir uns: Gibt es ihn überhaupt, diesen sagenumwobenen Staub? Den täglich Millionen von Frauen verzweifelt versuchen, mittels oben genanntem Gerät in kleine Beutel zu bugsieren? Von den anwesenden Testern hat ihn nämlich noch keiner zu Gesicht bekommen. Um dieser Frage möglichst objektiv auf den Grund zu gehen, baten wir eine Frau, den von uns angelegten Testparcours (Flokati, 15 Jahre alt, nie gesaugt) mit einem der Geräte zu behandeln. Erste Reaktion der Frau: „Gott, was für ein Dreck!" Wir blieben skeptisch, denn wir sahen nichts. Nach dem Einsatz des Saugers – die Frau saugte unter Laborbedingungen vier Stunden lang, bis sie zufrieden war – unterzogen wir den Flokati einer genauesten sensorischen Prüfung. Unsere Vermutung hatte sich bestätigt. Wir sahen nicht den geringsten Unterschied zum Zustand vor der Behandlung.

F A Z I T : Staub muss eine Erfindung der Staubsaugerindustrie sein, um das übertriebene Reinlichkeitsbedürfnis der Frau zu befriedigen. Somit handelt es sich bei Staubsaugern um überflüssigen

Schnickschnack. Hier sollte die Industrie neu ansetzen und endlich einen Sauger konstruieren, der in der Lage ist, Dinge wegzusaugen, die man auch sieht: Pizzakartons, Leergut, Mülltüten, Kumpels (die partout nicht gehen wollen) etc.

DER E-HERD

Ein Gerät, das – glaubt man den Herstellern – fähig sein soll, die leckersten Gerichte auf den Tisch zu zaubern.

Also bitte, verarschen können wir uns selber! Von zwölf getesteten E-Herden war nicht einer (!) in der Lage, eine telefonische Verbindung zum Pizza-Bringdienst oder zum Currywurstexpress aufzubauen!
FAZIT: Das kann jedes billige Telefon besser. Und stromsparender!

DER GASHERD

Endlich ein Gerät, das Freude bereitet!

Und zwar bei der Montage. Auch wenn man uns vorschreiben möchte, diese nur von einem Fachmann ausführen zu lassen. Wozu sind wir denn Männer? Beim Test machte es einfach Spaß, mit Rohrzange, Isolierband und Kaugummi den Anschluss ans öffentliche Gasnetz zu bewerkstelligen. Nur beim Funktionstest gibt es Abzüge. Zwar versah der von uns angeschlossene Gasherd Lebensmittel mit einer schönen knusprigen Kruste – leider aber auch alle anderen Dinge in der Küche. Und im Haus. Und im Viertel. **UNSER FAZIT**: Großer Spaßfaktor, aber wenig empfehlenswert für gezieltes Garen.

DAS FENSTERLEDER

Angeblich bekommt man mit einem Fensterleder schmutzige Scheiben wieder sauber. Zunächst waren wir skeptisch, denn die ersten Ergebnisse waren relativ unbefriedigend. Hässliche Streifen wollten einfach nicht verschwinden. Doch dann kam es zu einer Überraschung! Zufällig stellte sich heraus, dass es tatsächlich möglich ist, mittels eines Fensterleders wieder ungehindert durch eine Scheibe zu blicken. Aber nicht, indem man das Leder – wie Frauen immer hartnäckig behaupten – nass macht und feste über die schmutzigen Stellen reibt, sondern, indem man einen Ziegelstein darin einwickelt und das Ganze dann feste gegen die Scheibe wirft.

FAZIT: Gutes und vor allem schnelles Ergebnis. Aber die Bedienungshinweise müssen dringend überarbeitet werden!

Hiermit sollen sich Hemden und T-Shirts nach dem Tragen wieder in eine Art Neuzustand versetzen lassen. Dies können wir nicht bestätigen. Die Hemden und T-Shirts, die wir für den Test verwendeten, rochen nach der Behandlung mit dem Bügeleisen genauso nach Schweiß wie vorher – wenn auch mit einem leichten Röstaroma.

F A Z I T : Lohnt den Aufwand nicht.

BIN ICH EIN FRAUEN-VERSTEHER?

Männer und Frauen leben in zwei völlig unterschiedlichen Welten und verstehen einander nicht einmal ansatzweise. Laut einer aktuellen Umfrage halten zum Beispiel 85% der Männer Mascara für einen italienischen Dessertwein und Yves Saint Laurent für einen Badeort an der Côte d'Azur. Trotz dieser desillusionierenden Fakten soll es vereinzelt Männer geben, die das andere Geschlecht sehr gut verstehen. Mit dem folgenden Test können Sie spielend leicht herausfinden, ob Sie zu dieser Art Männer gehören.

1. Ihre Partnerin kommt aufgelöst und heulend vom Friseur zurück, weil dieser ihre Haare völlig verunstaltet hat. Wie spenden Sie ihr Trost?

a Sie greifen zum Telefon und rufen Ihren Rechtsanwalt an. Der soll den Friseur auf einen Schadensersatz in Millionenhöhe verklagen. (3 Punkte)

b Sie nehmen Ihre Partnerin sanft in den Arm und sagen: „Das ist doch kein Grund zum Heulen! Das sind doch nur Haare." (0 Punkte)

c Sie lächeln sie an und sagen: „Ist doch toll, Schatz. Mit der neuen Frisur siehst du aus wie ein Island-Pony, und du magst doch Pferde." (0 Punkte)

2. Ihre Partnerin posiert lächelnd vor Ihnen: „Schatz, wie findest du meine neue Bluse von *Tommy Hilfiger*?" Wie reagieren Sie?

a Sie betrachten Ihre Partnerin aufmerksam und antworten: „Spitze, Schatz! Die ist ja noch schöner als deine Escada-Bluse! Du solltest nie wieder etwas anderes tragen." (3 Punkte)

b Sie rufen völlig irritiert: „Ach, das soll ne Bluse sein! Ich dachte schon, du wärst in unseren Duschvorhang gefallen ..." (0 Punkte)

c Sie zischen wütend: „Ich wusste gar nicht, dass du neuerdings Blusen von anderen Männern geschenkt bekommst. Wenn ich diesen Hilfiger erwische, dann prügle ich ihn windelweich." (0 Punkte)

3. Sie hören einen spitzen Schrei aus dem Schlaf-zimmer und dann den angsterfüllten Ausruf Ihrer Partnerin: „Schatz, hier ist eine Spinne!" Was tun Sie?

a Sie holen ein Wasserglas und entfernen die mikroskopisch kleine Spinne aus dem Zimmer – und zwar lebend. (3 Punkte)

b Sie starren mit schreckgeweiteten Pupillen und schweißnasser Stirn auf das achtbeinige Monstrum an der Wand und gestehen Ihrer Partnerin, dass Sie ebenfalls panische Angst vor Spinnen haben. Dann laufen Sie schreiend aus dem Zimmer. (0 Punkte)

c Sie legen den Arm um Ihre Partnerin und sagen: „Schatz, du bist so süß, wenn du Angst hast. Ich könnte dir stundenlang zuschauen." Und das ist genau das, was Sie anschließend tun. (0 Punkte)

4. Ihre Partnerin will abends in die Oper, um sich dort mit Ihnen modernes russisches Tanztheater anzuschauen. Zeitgleich läuft im Fernsehen das Champions-League-Endspiel – mit Ihrem Lieblingsclub als einem der Finalisten. Was ist Ihre Reaktion?

a Sie setzen ein sehr ernstes Gesicht auf und deklamieren mit großem Pathos: „Russland unter Putin ist eine pseudo-demokratische Diktatur, in der die Meinungsfreiheit des Volkes mit Gewalt unterdrückt wird. Durch den Boykott der heutigen Aufführung bringe ich meinen Protest gegen dieses Unrechtsregime zum Ausdruck. Wenn du trotzdem hingehst, ist dies deine freie Entscheidung, die ich selbstverständlich respektieren werde." (1 Punkt)

b Sie ringen sich ein Lächeln ab und sagen: „Super Idee, Schatz! Ich hab in diesem Jahr schon so viel Fußball geschaut, ich bin echt froh, mal was anderes zu sehen!" (500 Punkte)

c Sie stürzen sich in einem unbeobachteten Moment kopfüber von Ihrem Balkon im zweiten Stock und müssen aufgrund Ihrer schweren Verletzungen in das nächstgelegene Krankenhaus gebracht werden. Ein genialer Plan, denn Sie wissen natürlich, dass in heutigen Kliniken alle Zimmer mit einem Fernseher ausgestattet sind. (1 Punkt)

5. Als Sie an einem Samstagnachmittag gegen 17.45 Uhr Ihr Schlafzimmer betreten, liegt Ihre Partnerin splitterfasernackt auf dem Bett, bedeckt durch ein Meer von Rosenblüten, und lächelt Ihnen verführerisch zu. Wie gehen Sie mit der Situation um?

a Sie ziehen sofort blank und stürzen sich auf Ihre Partnerin mit den Worten: „Du bist schön wie eine Rose, und Rosen sind dazu da, gepflückt zu werden." (3 Punkte)

b Sie gestehen Ihrer Partnerin, dass Sie sie bislang völlig falsch eingeschätzt haben. Niemals hätten Sie gedacht, dass sie sich genau so sehr für heimische Zierpflanzen interessiert wie Sie selbst. Freudestrahlend nehmen Sie das große Botanikbuch vom Nachttisch, um gemeinsam mit Ihrer Partnerin zu bestimmen, ob die Blüten auf ihrem Körper von einer Rosa pendulina oder einer Rosa acicularis stammen. (0 Punkte)

c Sie werfen einen skeptischen Blick auf Ihre Armbanduhr und denken laut darüber nach, ob die Zeit bis zur Sportschau möglicherweise noch für einen Quickie reicht oder eher nicht. (0 Punkte).

0 – 3 P U N K T E : Glückwunsch! Sie verstehen von Frauen so viel wie ein brünstiges Karnickel von sexueller Enthaltsamkeit. Im Vergleich zu Ihnen ist der Elefant im Porzellanladen ein feinfühliges, rücksichtsvolles Wesen. Meiden Sie Frauen, wo Sie sie treffen, sonst treffen die Frauen Sie bald – in die Magengrube oder zwischen den Augen.

4 – 9 P U N K T E : Nicht übel. Sie wissen immerhin, dass Sie Ihre Partnerin nicht mit braunen Ledersandalen und weißen Tennissocken sexuell auf Touren bringen können. Außerdem lassen Sie sie bei Autofahrten hin und wieder ans Steuer. Als echter Frauenversteher haben Sie aber trotzdem noch deutlich Luft nach oben.

Ü B E R 9 P U N K T E : Hut ab! Sie können Frauen lesen wie ein offenes Buch. Wenn Sie jetzt auch noch anfangen, selbst Bücher zu lesen, um anschließend mit Ihrer Partnerin darüber zu reden, steht Ihrer Ernennung zum „Frauenversteher des Jahres" nichts mehr im Weg.

DER KLEINE
MUSIKKNIGGE

Männer sind Frauen gegenüber manchmal etwas ungeschickt. Anders formuliert: Sie verhalten sich bei fast jeder Gelegenheit weniger einfühlsam als Arnold Schwarzenegger in „Der Terminator". Auch die passende Musikauswahl stellt häufig ein echtes Problem dar. Es soll Männer geben, die zu einem romantischen Abendessen mit ihrer anorektischen Freundin den Song *Dicke* (Marius Müller-Westernhagen) auflegen und sich dann wundern, wenn diese anschließend die gesamte Wohnung in einem mehrstündigen Tobsuchtsanfall in Schutt und Asche legt. Damit Sie in Zukunft vor solch einem Fauxpas gefeit sind, haben wir hier ein paar Songs zusammengestellt, die Sie als Mann bei entsprechenden Gelegenheiten besser vermeiden sollten.

BEIM ERSTEN DATE sollten Sie Ihrem Gegenüber folgende Songs nicht auf Ihrem Smartphone vorspielen: *Ich find dich scheiße* (Tic Tac Toe) und das deutlich zu direkte *Boom, Boom, Boom, Boom!! (I Want You in My Room)* (Vengaboys). Auch nicht zu empfehlen: *I bin a bayrisches Cowgirl* (Nicki).
Dies könnte für Irritationen in Bezug auf Ihre sexuelle Orientierung sorgen.

WENN SIE EINE FRAU RUM-KRIEGEN WOLLEN, können Sie mit den Songs *I Will Always Love You* (Whitney Houston), *(I've Had) The Time of My Life* (aus Dirty Dancing) und *Pretty Woman* (Roy Orbison) nichts falsch machen. Aber Vorsicht! Legen Sie niemals alle drei Titel nacheinander auf mit der Behauptung, dies seien Ihre absoluten Lieblingssongs. Jede Frau wird Sie sofort als miesen Hochstapler durchschauen, weil sie weiß, dass jeder Mann bei solch einem Schnulzen- und Romantikbombardement schreiend davonlaufen oder sich – falls vorhanden – von der nächstbesten Brücke/Klippe/Kirchturmspitze stürzen würde. Genauso unglaubwürdig ist es, *Candle in the Wind* (Elton John) aufzulegen und dabei bittere Tränen in ein Taschentuch zu vergießen, weil Ihnen „der Tod von Lady Gaga noch heute so unglaublich nahe geht".

BEIM SEX ... greift man(n) gern zum *Boléro* (Maurice Ravel). Seit dem Film *10 – Die Traumfrau* denken viele Männer: „Wenn ich dieses Stück auflege, windet sich meine Partnerin binnen Sekunden lustvoll schreiend in einem multiplen Orgasmus."

In Wirklichkeit ist der Boléro so abgelutscht wie ein Lolli in den Händen eines unterzuckerten Achtjährigen – und für die meisten Frauen bestenfalls als Kleidungsstück akzeptabel. Also: Finger weg! Falls Ihre Partnerin kein Fan ungewöhnlicher Stellungen ist, vermeiden Sie auch *Summer of '69* (Bryan Adams). Sollten Sie gelegentlich unter einer erektilen Dysfunktion leiden, ist *Aufrecht geh'n* mit Sicherheit der falsche Titel. Wenn Mary Roos das hohe C singt, hängt Ihre Flagge dann endgültig auf Halbmast.

GEBURTSTAGE DER PARTNERIN ... sind Anlässe, bei denen ein Mann vor allem eines kann: sich gewaltig in die Nesseln setzen. Tragen Sie ihr daher zum Vierzigsten auf keinen Fall *Du lässt dich geh'n* (Charles Aznavour) vor. Sollte Ihre Frau in einer Kneipe feiern, ist auch die bekannte Volksweise *Geh doch zu Hause du alte Scheiße* (Mickie Krause) eher deplatziert.

WÄHREND EINER FLUGREISE ... sollten Sie Ihrer unter Flugangst leidenden Partnerin keine Songs auf den Kopfhörer legen, die ihre aufkommende Panik zusätzlich unterstützen, wie *Crash* (The Primitives), *Falling Down* (Oasis) oder *Landing on Water* (Neil Young). Sind Sie auf einem Flug in die USA unterwegs, sollten Sie zudem alle Titel vermeiden, die Ihre Partnerin auf die Attentate vom 11. September beziehen könnte – insbesondere *Leavin' on a Jetplane* (John Denver), *I Can't See New York* (Tori Amos), *Stairway to Heaven* (Led Zeppelin), *Blowin' in the Wind* (Pete Seeger) und *Great Balls of Fire* (Jerry Lee Lewis).

Wenn Sie diese Tipps beherzigen, werden Sie – zumindest in Sachen Musikauswahl – zukünftig in kein Fettnäpfchen mehr treten. Es sei denn, Sie legen beim nächsten Essen mit Ihrer Freundin statt „Dicke" *You Eat Too Much* (Harold Burrage) auf ...

BLICK IN DIE
ZUKUNFT

H erzlichen Glückwunsch, es ist ein Mensch." Hebamme Elisa-Maria F. legt das Neugeborene dem
erschöpften Vater in den Arm. Der Mitdreißiger ist
von der Entbindung noch sichtlich geschwächt. Die
Hebamme hat dafür Verständnis. „Bei gebärenden
Männern ist die Geburt immer noch etwas kompli-
zierter. Vor allem, weil wir ihnen noch vor der Tür
zum OP eine Vollnarkose verabreichen müssen, damit
sie uns nicht schon beim bloßen Anblick des Kreiß-
saals aus den Latschen kippen. Männer eben ..."

Der von Elisa-Maria F. gewählte Begriff „Männer"
ist – wenn man es genau nimmt – politisch nicht mehr
ganz korrekt. Seitdem die Bundesregierung im Jahr
2080 unter Kanzlerin Filippa-Walter Rösler im Zuge
der Geschlechtergleichstellung beschlossen hat, die
altertümliche Unterscheidung zwischen Mann und
Frau abzuschaffen, redet man korrekterweise von
„das Mensch." Aber auch diese Bezeichnung trifft
auf Hans-Lola B., der gerade glücklich sein Kind an
die Brust legt, nicht hundertprozentig zu. „Er wurde
ja noch als ein Mann geboren." Die Hebamme zeigt
auf die Mamillen des Vaters. „Das erkennt man an

dem starken Haarwuchs rund um den Warzenvorhof und ..." Elisa-Maria F. schlägt die Bettdecke hoch, „... an dieser kleinen Narbe hier, wo einst der Penis saß. Bei ihm ist sie aber fast nicht mehr zu sehen. Eine gute Arbeit. Ist ja heute auch eine Bagatelle, so eine Penektomie." Hans-Lola B. nickt bestätigend. Die Penektomie oder auch Penisamputation, ist zusammen mit der Entfernung des Hodensacks und dem Einsetzen eines Gebärmutterimplantats zu einem Routineeingriff geworden, nachdem das Bundesverfassungsgericht 2065 das Recht des Mannes, Kinder zu gebären als Grundrecht in der Verfassung verankert hat. „Der Eingriff wird in Zukunft aber immer seltener nötig sein. Heutzutage werden ja kaum noch Männer geboren." Die Hebamme spielt damit auf den Unisexmenschen an, dessen Entwicklung 2085 vom Bundesministerium für Gleichstellung in Auftrag gegeben wurde. Genmaterial von Eizelle und Sperma wird so verändert, dass das ausgetragene Kind kein Geschlecht mehr aufweist und infolge dessen auch niemals die Folgen geschlechtsspezifischer Diskriminierung erleiden muss. In der Geburt des ersten Unisex-Prototypen 2090 sah die damalige Gleichstellungsbeauftragte Kristof Schröder einen Meilenstein im Kampf für die Emanzipation – die auch Elisa-Maria F. immer noch sehr am Herzen zu liegen scheint. „Sollte trotzdem mal wegen verdorbenen Genmaterials ein Mann geboren werden, mach ich direkt nach dem Schnitt durch die Nabelschnur einen Peniscut. Aber das passiert nur noch selten. Die Gene sind meistens anstandslos. Schließlich kommen Eizellen und

Sperma heute meistens von Monsanto. Und die sind ja bekannt für hochwertige Erzeugnisse."

Ortswechsel. Ein Labor in Lemgo. Hier am Maxi-Biewer-Planck-Institut untersuchen Wissenschaftler im Auftrag des Forschungsministeriums aussterbende Spezies wie das Bentheimer Landschwein, die Ostfriesische Henne oder den Deutschen Mann. Pro-

fessor Jan-Lucy G.: „Hier können wir den Ur-Mann in einer Umgebung studieren, von der wir annehmen, dass er sich darin wohlfühlt." Jan-Lucy G. deutet auf eine kleine Kneipenszenerie, in der einige Männer Karten spielen. Direkt daneben ist eine Art Wohnzimmer aufgebaut. Mit Fernseher, Couch und einem

Tisch mit Bier und Chips darauf. Im Fernseher sieht man Bilder einer längst ausgestorbenen Sportart, die man Fußball nannte, und die von einer Gruppe Männer mit großem Interesse verfolgt werden. Plötzlich werden die Männer unruhig. Sie beginnen, sich auf die Schenkel zu hauen und einen Sprechchor zu skandieren. „Schiri, deine Frau geht fremd, duda, duda!", schallt es durch die Laborräume des Instituts. Jan-Lucy G. lacht: „Unsere kleine Männerherde fühlt sich in ihrem Biotop ganz wohl. Wir konnten auch schon wichtige Erkenntnisse aus unseren Beobachtungen gewinnen. Zum Beispiel haben wir uns jahrelang gefragt, warum Penektomie-Patienten noch Jahre nach dem Eingriff im Winter oft in eine unerklärbare Depression verfielen. Und dann hatten wir auf einmal die Antwort." Der Professor zeigt auf einen Mann, der im Stehen auf eine schneebedeckte Testfläche pinkelt. „Ohne Penis lässt sich nun mal schlecht der Name in den Schnee pinkeln!" Aufgrund dieser Studienergebnisse startete das Ministerium für Aufklärung vor drei Jahren die Kampagne *Mamillemann statt Pillermann*. In aufwendig produzierten Fernsehspots wurde der Bevölkerung demonstriert, dass man auch mit einschießender Milch seinen Namen in den Schnee schreiben kann. Seitdem sind die Depressionen spürbar zurückgegangen. „Ich glaube, dass wir hier wertvolle Forschungsarbeit geleistet haben. Und ich bin traurig, dass wir das Labor bald schließen werden." Auf die Frage, was dann mit den Männern passiert, reagiert Jan-Lucy G. mit einem Schulterzucken. „Die Bundesregierung hat überlegt,

sie auszuwildern. Auf einer Insel. Sylt war da im Gespräch. Dort wären sie dann auf sich gestellt und
müssten sich selbstständig ernähren. Also einkaufen
oder in feinen Restaurants essen gehen ..." Seine Aus-
führungen werden von lautem Rülpsen unterbrochen,
das von der fernsehschauenden Versuchsgruppe zu
uns herüberschallt. „... Ich fürchte jedoch, da würden sie nicht lange überleben. Also bleibt nur noch
der Zoo." Er betrachtet nachdenklich die Männer,
die plötzlich anfangen, ein Lied anzustimmen. „Ich
will zehn nackte Friseusen, zehn nackte Friseusen,
oh oh, zehn nackte Friseusen, mit richtig feuchten
Haaren ..."

Ja. Der Zoo scheint nicht der verkehrteste Ort zu
sein.

Die Autoren sind ausgewiesene Experten auf dem Gebiet des Mannseins. Schon in ihrer Jugend stellten sie dies unter Beweis, indem sie in einem Aufsehen erregenden Selbstversuch einen bis heute ungebrochenen Rekord aufstellten, fünf Jahre lang nicht die Socken zu wechseln.

Auch in anderen Bereichen setzten sie Maßstäbe. So erreichten sie 1983, nach dem Genuss von vier Kästen Weizenbier und 16 Dönern mit extra Zwiebeln mittels eines exakt synchron abgegebenen Rülpsers, für einen kurzen Moment die Lautstärke eines startenden Starfighters. Nebenbei sorgten sie mit dieser Aktion – durch die kurzfristig auftretende Übersäuerung der Atmosphäre – für die Bildung des

Ozonlochs. Unvergessen auch ihr gemeinsamer
Auftritt bei Wetten dass? am 4. November 1995.
Vor laufender Kamera schafften sie es, 100 geöffnete
Dosen Ravioli am Geschmack zu erkennen und nach
ihrem Verfallsdatum zu sortieren – beginnend von
1967 an.
Bis heute verfassten sie zahlreiche Bücher, darunter
das Standardwerk „Kommunikation mit nur zwei
Worten", den Partyratgeber „Acht Promille ohne
Hirntod – wie krieg ich das hin?" und den Modebild-
band „Tennissocken in Sandalen – Die vier schönsten
Kombinationen". (Diese Werke sind auch als
Special Edition ganz ohne Worte für echte Männer
erhältlich.)

Alle drei Autoren sind glücklich unverheiratet.
Sie vermuten, mehrere Kinder zu haben und leben
in einer Raucherkneipe in der Nähe von Köln.

▌▌▌ TEXTE ▌▌▌▌▌▌▌▌▌▌▌

PETER GITZINGER, LINUS HÖKE und ROGER SCHMELZER sind seit vielen Jahren als Autoren für zahlreiche Comedyshows im deutschen Fernsehen tätig. Neben Drehbüchern verfassen sie Theaterstücke und arbeiten für etablierte Kabarettbühnen wie *Die Stachelschweine* und *Die Distel* in Berlin. Linus Höke ist zudem der Verfasser des Bestsellers *Shades of hä?*. Alle drei Autoren leben in und um Köln herum.

▌▌▌ ILLUSTRATIONEN ▌▌▌

ARI PLIKAT, geboren 1958 in Lüdenscheid. Lebt in Dortmund, zeichnet Illustrationen, Cartoons und komische Bilder, die in vielen Zeitungen und Zeitschriften zu sehen sind. Bei Lappan ist zuletzt sein Buch *Ich rieche Angstschweiß* erschienen.
www.ariplikat.de

LAPPANS SATIRISCHE GESCHENKBUCHREIHE: HERRLICH GARSTIG!

ISBN 978-3-8303-4315-8

ISBN 978-3-8303-4316-5

ISBN 978-3-8303-4317-2

ISBN 978-3-8303-4318-9

ISBN 978-3-8303-4329-5

ISBN 978-3-8303-4336-3

Das für dieses Buch verwendete Papier aus geprüfter nachhaltiger
Forstwirtschaft lieferte Salzer Papier, St. Pölten.

© Lappan Verlag GmbH, Oldenburg 2015

ISBN 978-3-8303-4317-2

Lektorat: Leonie Bartels

Herstellung | Gestaltung: Monika Swirski

Druck und Bindung: Druckerei Theiss GmbH

Printed in Austria

www.lappan.de